# 管理会计学习指导

主　编　郑爱华　郭振宇
副主编　谢　梅　张亮亮

中国矿业大学出版社
·徐州·

# 内 容 简 介

本书是为《管理会计(第三版)》(机械工业出版社)编写的配套学习指导用书。为了能够使读者更加深入地理解教材所述的内容,以及提高学习的质量与效率,本书通过各章思维导图形象立体地展示各章内容及其关联,借助学习大纲和相应的演练题目,突出重点,化解难点。本书不但能够帮助读者学习和掌握本课程的基本内容和基本方法,而且能帮助读者积累学习经验,提高学习兴趣,加深记忆,开拓解题思路;同时还可以帮助读者提高独立分析问题和解决问题的能力,促进理论与实践的结合。

本书既可作为会计学专业本科生及研究生的教材,也可作为从事管理工作的广大实际工作者和自学者学习管理会计理论和方法的参考用书。

**图书在版编目(CIP)数据**

管理会计学习指导 / 郑爱华,郭振宇主编. —徐州:
中国矿业大学出版社,2023.9
ISBN 978 - 7 - 5646 - 5984 - 4

Ⅰ. ①管… Ⅱ. ①郑… ②郭… Ⅲ. ①管理会计—高
等学校—教学参考资料 Ⅳ. ①F234.3

中国国家版本馆 CIP 数据核字(2023)第 185264 号

| | |
|---|---|
| 书　　名 | 管理会计学习指导 |
| 主　　编 | 郑爱华　郭振宇 |
| 责任编辑 | 马晓彦 |
| 出版发行 | 中国矿业大学出版社有限责任公司 |
| | (江苏省徐州市解放南路　邮编 221008) |
| 营销热线 | (0516)83885370　83884130 |
| 出版服务 | (0516)83995789　83884920 |
| 网　　址 | http://www.cumt.com　E-mail:cumtpvip@cumtp.com |
| 印　　刷 | 江苏凤凰数码印务有限公司 |
| 开　　本 | 787 mm×1092 mm　1/16　印张 10.25　字数 256 千字 |
| 版次印次 | 2023 年 9 月第 1 版　2023 年 9 月第 1 次印刷 |
| 定　　价 | 36.00 元 |

(图书出现印装质量问题,本社负责调换)

# 序

中国矿业大学会计学专业于 1983 年开始招收本科生,2003 年成为江苏省首批"高等学校品牌专业建设点",2006 年被正式授予省级"品牌专业"称号,2010 年被教育部、财政部遴选为"高等学校特色专业建设点",2012 年成为江苏省高等学校本科"工商管理类重点专业"的核心专业,2019 年被教育部遴选为中央赛道的"国家一流本科专业建设点",2020 年入选江苏省品牌专业建设二期项目。会计学学科 1993 年获"会计学"(学术型)硕士学位授予权,2010 年获"会计"专业硕士(MPACC)学位授予权,2013 年在管理科学与工程一级学科下自主增设"财务管理系统工程"二级学科博士点,已经形成了本科、专业型硕士、学术型硕士和博士研究生多层次人才培养格局。为进一步提升中国矿业大学会计学专业本科人才培养质量,彰显中国矿业大学会计学专业"立信创行"人才培养特色,扩大中国矿业大学会计学专业办学示范效应和社会声誉,建设国家级一流本科会计学专业,我们组织编写和修订了这套国家级一流本科会计学专业系列教材。

本系列教材包括《基础会计学》《中级财务会计》《成本会计学》《高级会计学》《财务管理学》《管理会计》《审计学》7 本主教材及其配套的学习指导,编写和修订的指导思想是:紧密结合中国会计改革与发展实践,适应经济全球化与人工智能时代对会计教育提出的挑战,遵循会计学专业本科教育规律,满足中国特色社会主义市场经济对会计人才的需求。各教材编写和修订力求做到"全、准、新、中、顺",服务中国矿业大学会计学国家级一流本科专业培养目标。编写和修订的具体思路是:

(1)基础性与前瞻性并重。本系列教材编写和修订既注重对各学科基础知识、基本理论和基本技能的全面介绍与准确表述,又重视科学预测与概括经济全球化、知识经济与人工智能时代各学科最新的发展动态,确保系列教材的知识含量与理论高度,以教材内容的全面性、准确性和前瞻性保证教材的稳定性。

(2)本土性与时代性并重。本系列教材编写和修订既立足于中国会计改革实践,遵循会计实际工作经验与规律,又兼顾国际会计趋同需要,实现会计国家特色与国际化的协调。同时,依照中国特色社会主义市场经济建设对高质量会计专业人才的培养需求,结合各教材特点,尽可能增加各教材的思政元素,确保系列教材的本土性与时代性特色。

(3)系统性、综合性与研究性并重。本系列教材编写和修订既突出各学科理论体系的完整性和系统性,又考虑会计学专业各主干学科之间的内在逻辑联系,强调各教材内容的衔接性、互补性和综合性。各教材章节编排力求按问题提出、理论介绍、模型推演、案例分析的研究型教学范式进行编写与修订,实现系统性、综合性和研究性"三性"统一,提升系列教材的高阶性、创新性和挑战度。

由于水平和经验有限,在系列教材的编写过程中对一些问题的认识还不够深刻,各教材均可能存在不成熟或谬误之处,恳请读者批评指正。

**中国矿业大学国家级一流本科会计学专业系列教材编审委员会**

# 前　言

本书是为《管理会计（第三版）》（机械工业出版社）编写的配套学习指导用书。本书在编写过程中，充分考虑了学生学习的积极性和主动性。为了能够使学生更加深入地理解教材所述的内容，以及提高学习的质量与效率，本书对应教材各章提供了三个部分的内容：一是思维导图，通过图示勾勒出本章的内容以及各部分之间的关系，帮助读者能够从整体的视角出发阅读、理解各部分内容；二是学习指导，提出了各章的学习目标、学习重点和学习难点；三是章节练习及参考答案，提供了各种形式的练习题，目的是加深学生对相关知识点的理解和掌握，激发学生学习的兴趣，提升其运用理论解决实际问题的能力。全书题目和内容力求紧扣教材，贴近中国管理会计实践，接中国地气，深入浅出、通俗易懂、便于自学。

另外，为了满足教师教学的需要，提高学生复习的效率，我们还在机械工业出版社的网站（http://www.cmpbook.com）上免费提供每章的教学 PPT、"管理会计"课程的教学大纲，以及对该课程的说明、相关的参考文献等，读者可上网下载。

本书是国家一流本科专业建设点会计学专业系列教材、中国矿业大学特色专业教材。本书由郑爱华拟定编写提纲并对全书进行了修改和总纂，郑爱华、郭振宇任主编。各章执笔人如下：第一、二、三章、第十三章、第十四章由郑爱华撰写；第四、五、六、七章、第十二章由郭振宇撰写；第八、九、十、十一章由谢梅撰写；第十五章由张亮亮撰写。感谢研究生周君怡、蔡甜甜、钱文婷和袁佳菲在制图、校对等方面的付出。

尽管编者非常重视本书的修订工作，也确实投入了大量的时间和精力，但由于我们水平所限，书中难免存在不足之处，恳请广大读者批评指正。联系邮箱：ahuazheng@cumt.edu.cn。

作　者
2023 年 7 月

# 目  录

# 第一章　管理会计概述

【思维导图】

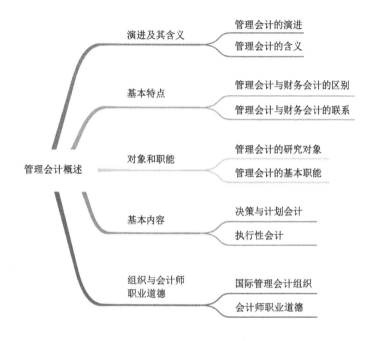

【学习指导】

## 一、学习目的与要求

通过本章学习,了解管理会计的定义、对象和演进过程;明确管理会计的职能、特点,把握管理会计的职业道德行为准则等,为后续各章的学习奠定理论基础。

## 二、学习重点

本章的学习重点是理解管理会计的定义、形成和发展过程,管理会计与财务会计的区别及联系,管理会计的研究对象与职能,以及管理会计的组织。要求学生理解管理会计人员在企业中的定位,以及如何处理信息以帮助管理者做出决策。

## 三、学习难点

本章的难点之一是理解管理会计与财务会计的区别;另一个难点是从整体上掌握管理会计的基本理论框架。在学习过程中要把握重点概念,结合理论和案例,循序渐进。

## 【章节练习】

### 一、单项选择题

1. 下列各项中,与传统的财务会计概念相对立而存在的是( )。
A. 现代会计
B. 企业会计
C. 管理会计
D. 成本会计学

2. 下列会计子系统中,能够履行管理会计"考核评价经营业绩"职能的是( )。
A. 预测决策会计
B. 规划控制会计
C. 对外报告会计
D. 责任会计

3. 在泰罗制下,采用的管理企业的方法是( )。
A. 经验管理
B. 科学管理
C. 现代管理
D. 传统管理

4. 下列各项中,能够作为管理会计原始雏形的标志之一,并于 20 世纪初在美国出现的是( )。
A. 责任会计
B. 预测决策会计
C. 科学管理论
D. 标准成本计算制度

5. 下列各项中,属于划分传统管理会计和现代管理会计两个阶段时间标志的是( )。
A. 19 世纪 90 年代
B. 20 世纪 20 年代
C. 20 世纪 90 年代
D. 20 世纪 70 年代

6. 管理会计的雏形产生于( )。
A. 19 世纪末
B. 20 世纪上半叶
C. 第二次世界大战之后
D. 20 世纪 70 年代

7. 从服务对象来看,管理会计侧重于为( )服务。
A. 企业的投资人
B. 企业的债权人
C. 企业内部各级经营管理者
D. A+B+C

8. 管理会计以强化企业内部管理、( )为最终目的。
A. 降低成本
B. 降低保本点
C. 实现最大的经济效益
D. 增加销售量

9. 管理会计的内容是指与其职能相适应的内容,不包括( )。
A. 预测决策会计
B. 规划控制会计
C. 责任会计
D. 财务会计

10. 管理会计与财务会计最本质的区别在于( )。
A. 服务对象
B. 会计原则
C. 会计方法
D. 会计假设

11. 现代会计的两大分支为（　　）。

A. 预测和决策会计　　　　　　　　B. 规划与决策会计

C. 财务会计和管理会计　　　　　　D. 责任会计与内部会计

12. 管理会计与财务会计的关系是（　　）。

A. 起源相同、最终目标不同　　　　B. 最终目标相同、基本信息同源

C. 具体工作目标相同、服务对象交叉

D. 服务对象交叉、概念相同

13. 在现代企业会计系统中,管理会计又可称为（　　）。

A. 反映企业价值的会计　　　　　　B. 外部会计

C. 增加企业价值的会计　　　　　　D. 责任会计

14. 下列说法正确的是（　　）。

A. 管理会计是经营管理型会计,财务会计是报账型会计

B. 财务会计是经营管理型会计,管理会计是报账型会计

C. 管理会计是对外报告会计

D. 财务会计是对内报告会计

## 二、多项选择题

1. 管理会计的职能包括（　　）。

A. 预测经济前景　　　　　　　　　B. 参与经济决策

C. 规划经营目标　　　　　　　　　D. 控制经济过程

2. 管理会计不同于财务会计的特点有（　　）。

A. 侧重于为企业内部的经营管理服务

B. 方式方法灵活

C. 同时兼顾企业生产经营的全局和局部两个方面

D. 管理会计提供的内部管理报告不负有法律责任

3. 管理会计的主体有（　　）。

A. 企业整体　　　　　　　　　　　B. 企业内部各个层次的所有责任单位

C. 企业的最高领导　　　　　　　　D. 责任人

4. 下列各项中,不属于管理会计主要服务对象的有（　　）。

A. 股东　　　　　　　　　　　　　B. 外部集团

C. 债权人　　　　　　　　　　　　D. 企业内部的经营管理者

5. 管理会计委员会对管理会计师的品质提出的要求主要包括（　　）。

A. 技能　　　　　　　　　　　　　B. 严守秘密

C. 正直　　　　　　　　　　　　　D. 乐观

6. 管理会计师应具备的知识体系有（　　）。

A. 信息和决策过程知识　　　　　　B. 会计原则和职能知识

C. 企业经营活动知识　　　　　　　D. 以上都对

7. 下列各项中,属于正确描述决策与计划会计特征的说法包括（　　）。

A. 它是现代管理会计形成的关键标志之一

B. 它处于现代管理会计的核心地位

C. 它最具有能动性

D. 它能够考核评价经营业绩

8. 管理会计是由许多因素共同作用的必然结果,其中内在因素包括(　　　)。

A. 社会生产力的进步　　　　　　B. 现代化大生产

C. 现代管理科学的发展　　　　　　D. 资本主义社会制度

9. 下列表述中,能够揭示管理会计特征的有(　　　)。

A. 以责任单位为主体　　　　　　B. 必须严格遵守公认会计原则

C. 重视管理过程　　　　　　　　D. 可以提供未来信息

10. 下列项目中,可以作为管理会计主体的有(　　　)。

A. 企业整体　　　　　　　　　　B. 分厂

C. 车间　　　　　　　　　　　　D. 班组

11. 通过分析管理会计职能的时间特征,可以发现管理会计信息横跨过去、现在和未来三个时态,其中能够体现未来时态特征的职能是(　　　)。

A. 预测　　　　　　　　　　　　B. 决策

C. 控制　　　　　　　　　　　　D. 考核

## 三、判断题

1. 因为管理会计最初出现在西方社会,所以可以断定它是资本主义的必然产物。

(　　　)

2. 管理会计的最终目标是提高企业的经济效益。(　　　)

3. 财务会计和管理会计都必须遵守企业会计准则。(　　　)

4. 与财务会计不同,管理会计的信息载体多为没有统一格式的内部报告,对这些报告的种类也没有统一的规定。(　　　)

5. 因为管理会计只为企业内部管理服务,因此与对外服务的财务会计有本质区别。

(　　　)

6. 管理会计既能够提供价值信息,又能够提供非价值信息;既提供定量信息,又提供定性信息;既提供部分的、有选择的信息,又提供全面的、系统的信息。(　　　)

7. 管理会计既为企业管理服务,又属于整个企业管理系统的有机组成部分,处于企业价值管理的核心地位。(　　　)

8. 战略管理会计是当今管理会计理论研究的热点之一。(　　　)

9. 财务会计是根据过去和预计的资料进行计划和控制。(　　　)

10. 管理会计从传统的、单一的会计系统中分离出来,成为与财务会计并列的独立领域,它与财务会计有着显著的区别,没有内在的联系。(　　　)

11. 相对于财务会计而言,目前的管理会计体系更具有统一性和规范性的特点。

(　　　)

12. 管理会计一般不涉及填制凭证和按复式记账法登记账簿的问题。(　　　)

13. 管理会计的职能是客观的,但它所起到的作用大小却受到人的主观能动性影响。

(　　　)

14. 一般来说,由于企业管理会计工作需要由复合型高级人才来承担,从而导致管理会计对会计人员素质的要求起点要比财务会计对会计人员素质的要求要高。　　　　（　　）

### 四、简答题

1. 管理会计的形成和发展经历了哪些主要阶段?

2. 简述管理会计与财务会计的区别与联系。

3. 根据美国管理会计师协会(IMA)的规范,管理会计师有责任在哪些方面遵守职业道德规范?

### 五、拓展题

结合本章思政元素,请编写一则相关案例或者撰写一篇相关小论文,字数不少于300字。

## 【参考答案】

### 一、单项选择题

| 题号 | 1 | 2 | 3 | 4 | 5 | 6 | 7 | 8 | 9 | 10 |
|---|---|---|---|---|---|---|---|---|---|---|
| 答案 | C | B | B | D | C | B | C | C | D | A |
| 题号 | 11 | 12 | 13 | 14 | | | | | | |
| 答案 | C | B | C | A | | | | | | |

### 二、多项选择题

| 题号 | 1 | 2 | 3 | 4 | 5 | 6 |
|---|---|---|---|---|---|---|
| 答案 | ABCD | ABCD | AB | ABC | ABC | ABCD |
| 题号 | 7 | 8 | 9 | 10 | 11 | |
| 答案 | ABC | AB | ACD | ABCD | AB | |

### 三、判断题

| 题号 | 1 | 2 | 3 | 4 | 5 | 6 | 7 | 8 | 9 | 10 |
|---|---|---|---|---|---|---|---|---|---|---|
| 答案 | × | √ | × | √ | × | √ | √ | √ | × | × |
| 题号 | 11 | 12 | 13 | 14 | | | | | | |
| 答案 | × | √ | √ | √ | | | | | | |

### 四、简答题

1. 答:现代管理会计的形成和发展主要经历了三个阶段,即执行性管理会计阶段(20

世纪初到 50 年代);决策性管理会计阶段(20 世纪 50 年代到 90 年代);管理会计新发展阶段(20 世纪 90 年代到现在)。

2. 答:(1)管理会计与财务会计的区别主要通过表 1-1 反映。

表 1-1　财务会计与管理会计的区别

| 区别 | 管理会计 | 财务会计 |
|---|---|---|
| (1) 服务对象 | 主要为企业内部各级管理人员服务,故亦称"内部会计"或"对内报告会计" | 主要为企业外界有经济利害关系的团体或个人服务,故亦称"外部会计"或"对外报告会计" |
| (2) 职能定位 | 解析过去、控制现在与筹划未来的有机结合,侧重于"创造价值"、增加价值 | 面向过去——通过记账、算账、报账,提供企业财务状况和经营成果的信息并进行解释,侧重于记录、反映价值 |
| (3) 约束依据 | 不受公认会计原则或统一会计准则的约束,只服从管理人员的需要以及系统理论和"成本效益分析"原理的指导 | 严格遵守公认会计原则和准则体系 |
| (4) 会计主体 | 主要以企业内部各级责任单位为会计主体,同时也从整个企业的全局出发,考虑决策与预算的协调配合和平衡 | 主要以整个企业为会计主体 |
| (5) 会计期间 | 编制内部报告的会计期间有较大的弹性,完全根据管理者的需要 | 对外编制财务报表的会计期间很少有弹性,通常是定期编报 |
| (6) 会计程序 | 具体业务的处理程序一般不固定,有较大的选择自由,根据管理者的需要自行设计 | 具体业务的处理程序比较固定,并具有强制性;凭证、账簿和报表有固定格式,报表必须定期编制 |
| (7) 会计方法 | 采用的方法可灵活多样,如:成本性态分析法、量本利法、边际分析法、成本效益分析法、现金流量法等,以便提出不同的备选方案供领导决策,并大量应用现代数学方法和电脑技术 | 在一定期间只能采用一种计算方法,以便进行纵向和横向比较;一般只需应用简单的算术方法和原始的计算工具 |
| (8) 行为影响 | 吸收行为科学以人为本的思想,最关心内部报告中的计量结果将如何影响职工的日常行为,并想方设法调动他们的主观能动性和生产积极性 | 最关心的是如何计量和传输财务成本信息,一般不重视职工行为的影响 |
| (9) 准确程度 | 由于工作重点是着眼未来,不确定性因素较多,故提供的信息一般不要求绝对准确 | 由于工作重点是反映过去,通常都是肯定性的经济业务,故对它所提供的数据则力求准确 |
| (10) 信息特征 | 主要强调相关性和及时性,包括财务信息和非财务信息 | 主要强调客观性和可验证性,包括仅以货币形式表现的财务信息 |

(2)管理会计与财务会计的联系。

尽管管理会计与财务会计确实存在着区别,但应注意的是:它们之间也经常相互渗透,相互补充,有着密切的联系。

首先,由于它们属于现代企业会计系统的两个重要领域,同属于会计信息系统,因此两者相互依存、相互制约、相互补充。

其次,二者在最终目标方面是一致的。管理会计与财务会计都服务于现代经济条件下的企业;二者都以企业经营活动及其价值表现为对象,皆必须服从于现代企业会计的总体要求,共同为实现企业目标服务。

最后,二者使用的原始资料很多相同,都以经济信息和财务数据为主要信息源,有许多方面可以互补。例如:管理会计经常直接应用财务会计的"证""账""表"资料进行分析研究,有时还需要对它们进行必要的加工、调整、改制或延伸;财务会计有时也会把一些原属于管理会计的内部报告资料(如财务状况变动表、现金流量表等)列入对外公开发表的范围,有时还会把企业内部管理需要的主要产品的实际成本与标准成本、实际利润与目标利润的对比数作为对外报表的补充资料。

3. 答:(1) 能力;(2) 保密;(3) 公正;(4) 客观。

## 五、拓展题

答案略。

# 第二章 多维成本分析

【思维导图】

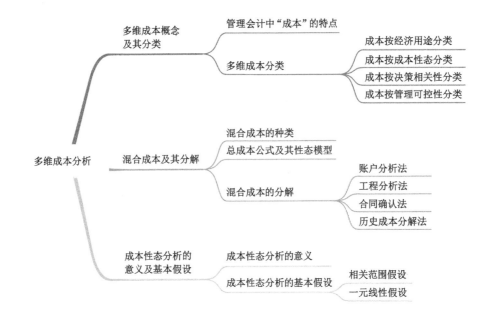

【学习指导】

## 一、学习目的与要求

通过本章学习,有助于提高成本信息的"决策有用性"。在学习过程中要:明晰管理会计中不同需求的成本分类的重要性,掌握不同成本分类的特点及其内容、混合成本的分类及其分解方法;明辨相关成本和不相关成本、可控成本与不可控成本,熟悉成本性态分析的意义及其基本假设,为后续章节的学习奠定理论基础。

## 二、学习重点

本章的学习重点是要求读者必须深刻理解并掌握以下两点内容:一是不同成本分类的特点及其内容;二是混合成本的分类及其分解方法。在众多的成本概念中,理解变动成本、固定成本的含义、特点及其相对性,明辨相关成本和不相关成本、可控成本与不可控成本,理解管理会计中不同需求的成本分类的重要性及其意义,以便于管理会计师所提供的信息帮助管理者做出决策和评价,提高成本信息的"决策有用性"。

### 三、学习难点

本章的难点一是不同成本分类的特点及其内容,尤其是按照成本性态分析的变动成本、固定成本的含义及其特点;二是明辨相关成本和不相关成本、可控成本与不可控成本;三是混合成本的分类及其分解方法,在学习过程中要把握重点概念,结合理论和案例,循序渐进。

【章节练习】

### 一、单项选择题

1. 在管理会计中,混合成本可用直线方程 $y=a+bx$ 来模拟,其中 $bx$ 表示(　　)。

A. 单位变动成本 　　　　　　　　　　B. 单位固定成本

C. 变动成本总额 　　　　　　　　　　D. 固定成本总额

2. 分解半变动成本的方法中,相比较而言可以得到较准确结果的是(　　)。

A. 高低点法 　　　　　　　　　　　　B. 目测法

C. 散布图法 　　　　　　　　　　　　D. 回归直线法

3. 属于约束性固定成本的是(　　)。

A. 广告费 　　　　　　　　　　　　　B. 职工培训费

C. 厂房折旧费 　　　　　　　　　　　D. 新产品开发费

4. 一般来说,计件工资制下的直接人工费属于(　　)。

A. 固定成本 　　　　　　　　　　　　B. 变动成本

C. 混合成本 　　　　　　　　　　　　D. 半变动成本

5. 阶梯式混合成本又可以称为(　　)。

A. 半固定成本 　　　　　　　　　　　B. 半变动成本

C. 延期变动成本 　　　　　　　　　　D. 曲线式成本

6. 成本按性态进行分类,将直接材料、直接人工、变动性制造费用三项数额合计后统称为(　　)。

A. 变动成本 　　　　　　　　　　　　B. 变动生产成本

C. 变动销售成本 　　　　　　　　　　D. 制造费用

7. 当业务量变动时,单位固定成本将(　　)。

A. 成正比例变化 　　　　　　　　　　B. 固定变化

C. 成反比例变化 　　　　　　　　　　D. 降低

8. 成本按其性态分类,可分为(　　)。

A. 可控成本与不可控成本 　　　　　　B. 机会成本与假设成本

C. 产品成本和期间成本 　　　　　　　D. 固定成本和变动成本

9. (　　)可以揭示不同成本与业务量之间数量上的内在联系。

A. 按经济职能分类 　　　　　　　　　B. 按核算目的分类

C. 按成本性态分类 　　　　　　　　　D. 按可控性分类

10. 混合成本按一定方法分解后,可分为( )。

A. 固定成本和变动成本 　　　　B. 固定成本、变动成本和半变动成本

C. 酌量性固定成本和约束性固定成本 　　D. 变动成本和半变动成本

11. 管理会计中对成本相关性的正确解释是( )。

A. 与决策方案有关的成本特性 　　B. 与控制标准有关的成本特性

C. 与资产价值有关的成本特性 　　D. 与归集对象有关的成本特性

12. 在各类固定成本中,能够在不改变企业生产经营能力的前提下降低其总额的是( )。

A. 约束性固定成本 　　　　　　B. 酌量性固定成本

C. 半固定成本 　　　　　　　　D. 单位固定成本

13. 在管理会计中,单耗相对稳定的外购零部件成本应当归属于( )。

A. 约束性固定成本 　　　　　　B. 酌量性固定成本

C. 技术性变动成本 　　　　　　D. 酌量性变动成本

14. 为排除业务量因素的影响,在管理会计中反映变动成本水平的指标一般是( )。

A. 变动成本总额 　　　　　　　B. 单位变动成本

C. 变动成本的总额与单位额 　　D. 变动成本率

15. 标准式混合成本又可称为( )。

A. 半固定成本 　　　　　　　　B. 半变动成本

C. 延期变动成本 　　　　　　　D. 曲线式成本

16. 下列项目中,属于阶梯式混合成本的是( )。

A. 制造费用 　　　　　　　　　B. 生产工人计件工资

C. 机器设备维护保养费 　　　　D. 检验员工资

17. 就同一企业而言,同一成本项目在不同时期可能有不同的性态,这是因为成本在相关范围内具有( )。

A. 相对性 　　　　　　　　　　B. 暂时性

C. 可转化性 　　　　　　　　　D. 变动性

18. 某设备系 5 年前购置,账面原值为 100 万元,已提折旧 30 万元,折余价值为 70 万元。由于生产转轨变型,该设备不再使用,准备将其出售或出租。该项决策中设备的折余价值属于( )。

A. 机会成本 　　　　　　　　　B. 历史成本

C. 沉没成本 　　　　　　　　　D. 重置成本

19. 某企业生产甲产品,有 A、B 两个备选方案,A 方案预计可获得净收益 2 000 万元,B 方案预计可获得净收益 1 200 万元,则 A 方案的机会成本为( )万元。

A. 2 000 　　　　　　　　　　　B. 800

C. 1 200 　　　　　　　　　　　D. 3 200

20. 某企业现有生产能力为 10 000 机器小时,目前生产能力只利用了 70%,固定成本总额为 20 000 元。现准备利用剩余生产能力开发甲产品或乙产品,那么对当前决策而言 20 000 元固定成本属于( )。

A. 边际成本 　　　　　　　　　B. 可避免成本

C. 差量成本 　　　　　　　　　　　D. 共同成本

## 二、多项选择题

1. 在相关范围内保持不变的有(　　)。

A. 变动成本总额 　　　　　　　　　B. 单位变动成本

C. 固定成本总额 　　　　　　　　　D. 单位固定成本

2. 在相关范围内,固定成本的特点包括(　　)。

A. 成本总额的不变性 　　　　　　　B. 单位成本的不变性

C. 成本总额的反比例变动性 　　　　D. 单位成本的反比例变动性

3. 关于固定成本的正确表述有(　　)。

A. 在坐标图中,固定成本总额线是一条平行于横轴的直线

B. 在相关范围内,固定成本总额不随业务量变动而变动

C. 酌量性固定成本是指受管理当局短期决策行为影响的那部分固定成本

D. 在相关范围内,单位固定成本不随业务量变动而变动

4. 混合成本随着业务量变化的性质及具体情况不同,可分为(　　)。

A. 半变动成本 　　　　　　　　　　B. 阶梯式变动成本

C. 延期变动成本 　　　　　　　　　D. 曲线变动成本

5. 混合成本分解方法可分为(　　)。

A. 合同确认法 　　　　　　　　　　B. 工程技术测定法

C. 本量利分析法 　　　　　　　　　D. 历史成本分解法

6. 混合成本包括(　　)。

A. 间接材料 　　　　　　　　　　　B. 半变动成本

C. 半固定成本 　　　　　　　　　　D. 管理成本

7. 下列(　　)是相关成本。

A. 机会成本 　　　　　　　　　　　B. 沉没成本

C. 差别成本 　　　　　　　　　　　D. 现金支出成本

8. 下列(　　)是无关成本。

A. 共同成本 　　　　　　　　　　　B. 沉没成本

C. 不可避免成本 　　　　　　　　　D. 可延缓成本

9. 成本按经济用途可分为生产成本和非生产成本两大类,其中非生产成本包括(　　)。

A. 管理费用 　　　　　　　　　　　B. 制造费用

C. 财务费用 　　　　　　　　　　　D. 销售费用

10. 按经济用途对成本进行分类,其结果应包括的成本类型有(　　)。

A. 未来成本 　　　　　　　　　　　B. 生产成本

C. 非生产成本 　　　　　　　　　　D. 责任成本

11. 下列项目中,属于酌量性变动成本的有(　　)。

A. 分散作业的计件工资 　　　　　　B. 消耗相对稳定的外购零部件成本

C. 单耗相对稳定的外购燃料成本 　　D. 可调换购买单位的外购材料成本

12. 由于相关范围的存在,导致固定成本和变动成本的性态均具有以下特点,即(　　)。

A. 相对性                     B. 暂时性

C. 可转化性                D. 不变性

13. 依据决策的成本概念,用于处理废水、废气的环保支出属于(　　)。

A. 不可避免成本            B. 不可延缓成本

C. 专属成本                D. 沉没成本

14. 成本按反映差别的不同可分为(　　)。

A. 差别成本               B. 边际成本

C. 增量成本               D. 沉没成本

15. 下列条件中,具备机会成本特征的有(　　)。

A. 所放弃的方案的潜在收益

B. 机会成本并不导致企业实际成本支出

C. 财务会计核算时,应将机会成本入账

D. 财务会计核算时,机会成本不能入账

## 三、判断题

1. 酌量性固定成本是指受管理当局短期决策行为影响的那部分固定成本。　　(　　)

2. 采用高低点法进行成本性态分析时,若业务量最高点、最低点与成本最高点、最低点不一致,高低点坐标的选择以业务量为准。　　(　　)

3. 不论采用什么方法计提折旧,固定资产折旧费一定属于固定成本。　　(　　)

4. 成本性态分析的最终目的就是把全部成本分为固定成本、变动成本和混合成本三大类。　　(　　)

5. 沉没成本的发生通常是决策失误或技术进步导致的,因此它是一种相关成本。

(　　)

6. 现金支出成本与沉没成本的区别在于成本发生的时间不同。　　(　　)

7. 按成本性态分类,制造费用可分为间接材料、间接人工和其他制造费用三个子项目。

(　　)

8. 固定成本总额和单位固定成本都不受业务量变动的影响而保持固定不变。　(　　)

9. 单位变动成本不受业务量变动的影响,在相关范围内保持固定不变。　(　　)

10. 生产工人的工资不论采取何种工资形式,都属于变动成本。　　(　　)

11. 不论业务量如何变化,固定成本总额永远固定不变。　　(　　)

12. 变动成本总额始终与业务量的变化呈正比例变动。　　(　　)

13. 混合成本分解中的高低点法,在选择高低点坐标时,应以成本总额为标准。(　　)

14. 管理会计中的成本概念不强调成本发生的时态。　　(　　)

15. 将成本按其可辨认性分为直接成本与间接成本有利于分清各部门责任,考核其工作业绩。　　(　　)

16. 在管理会计中,边际成本是指业务量增加一个经济单位所引起的成本增加额。

(　　)

17. 重置成本是指某项现有的资产当初购买时的价值。　　(　　)

18. 专属成本是与联合成本相对应的成本。　　(　　)

19. 可延缓成本属于无关成本。 （ ）
20. 差别成本是指两个备选方案之间的成本差异数。 （ ）

## 四、名词解释

1. 现金支出成本
2. 沉没成本
3. 重置成本
4. 差别成本
5. 边际成本
6. 机会成本
7. 可避免成本
8. 可递延成本
9. 专属成本
10. 共同成本
11. 成本性态
12. 变动成本
13. 固定成本
14. 可控成本

## 五、简答题

1. 何为成本性态？在管理会计中为何要将成本按其性态进行分类？如何分类？
2. 何为"相关范围"？"相关范围"概念在成本性态分析中为何具有重要意义？
3. 分解混合成本的方法主要有哪些？
4. 简述差别成本与变动成本的关系。

## 六、计算分析题

1. 目的：通过练习，掌握混合成本分解的合同确认法。

资料：假定某机器厂与当地供电部门在订立供电合同时，规定该厂每月需支付供电部门变压器维护费 1 000 元，每月用电额度为 80 000 度（1 度＝1 千瓦时）。在额度内每度电价为 0.27 元，如超额用电，则需按正常电价 10 倍计算。若该厂每月照明用电平均为 4 000 度，另外，该厂只生产甲产品，平均每件产品耗电 25 度。

要求：

根据上述资料，采用合同确认法对混合成本进行分解，并分别确定：

（1）在用电额度内电费的固定成本总额和变动成本总额各为多少？试列出其混合成本公式。

（2）在超额度用电时，电费的固定成本总额和变动成本总额又各为多少？试列出其混合成本公式。

2. 某企业历史运输车辆维修费的资料见表 2-1：

表 2-1 历史运输车辆维修费用

| 使用时间 | 业务量(千公里) | 维修费(元) | 使用时间 | 业务量(千公里) | 维修费(元) |
|---|---|---|---|---|---|
| 第 1 年 | 220 | 8 800 | 第 6 年 | 195 | 8 620 |
| 第 2 年 | 210 | 8 700 | 第 7 年 | 190 | 8 600 |
| 第 3 年 | 205 | 8 680 | 第 8 年 | 180 | 8 560 |
| 第 4 年 | 202 | 8 670 | 第 9 年 | 170 | 8 360 |
| 第 5 年 | 200 | 8 660 | 第 10 年 | 160 | 8 400 |

要求:

(1)分别用高低点法、散点图法、回归分析法将维修费分解为变动成本和固定成本两部分,并写出成本公式。

(2)若下年预计车辆行驶里程为 260 千公里,则维修费用将是多少?

## 七、案例分析题

A 公司是一家家族式企业,公司的主营业务是铺设管道。公司的主要业务来自与市政工程相关的业务;公司的销售收入约为 3 000 000 元,利润在收入的 0~10% 之间波动。

由于经济衰退和同业竞争激烈,公司的销售和利润水平都低于平均水平。鉴于竞争激烈,公司总经理不断分析其他公司的投标价格;如果没有中标,他便尽力分析形成本公司与其竞争对于标价差异的原因,据此来提高未来投标的竞争力。

表 2-2　A 公司损益表　　　　　　　　　　　　　　单位:元

| | | |
|---|---|---|
| 销售(18 200 设备小时,每小时 165 元) | | 3 003 000 |
| 减:费用 | | |
| 水电费 | 24 000 | |
| 机器操作工 | 218 000 | |
| 租金(办公楼) | 24 000 | |
| 注册会计师费 | 20 000 | |
| 其他直接人工 | 265 700 | |
| 管理人员薪金 | 114 000 | |
| 监管人员薪金 | 70 000 | |
| 管道材料 | 1 401 340 | |
| 轮胎和燃油 | 418 600 | |
| 设备折旧费 | 198 000 | |
| 机械师工资 | 50 000 | |
| 广告费用 | 15 000 | |
| 小计 | | 2 818 640 |
| 净收益 | | 184 360 |

　　总经理确信盖特威公司的现行会计系统存在不足。当前的做法是,所有的费用只是简单地从收入中扣除,得到一个净收益,并没有进一步区分铺设管线、获取合同和管理公司的成本,而投标是以铺设管线的成本为基础的。

　　总经理还认识到理解成本性态极为重要。他认为,如果他能了解公司成本中哪些是变动性的,哪些是固定性的话,公司将能够提出更有竞争力的标价。比如,本公司经常存在闲置设备(公司需要拥有超出必要数量的设备,以备随时投标更大的工程项目),如果公司能够以高于其变动成本的价格并用闲置设备投标的话,将会提高操作工人的利用效率并增加其工作稳定性。事实上,如果标价高于变动成本,利润将同步增长,因为随着作业量的增加固定成本仍保持不变。

　　考虑到这几点,总经理开始仔细回顾上一年度的损益表(见表2-2)。首先他注意到工程的定价以设备小时为基础,每设备小时平均165元。可是在进行成本分类和成本性态确认时,他遇到了困难,困难之一就是如何归属他自己的114 000元的薪金。他的一半时间用于投标和承揽合同,另一半时间用于管理企业。

　　要求:

　　1. 将损益表中的成本按如下分类:(1)铺设管道成本(生产成本);(2)获取合同成本(销售费用);(3)一般管理费用。对生产成本,确定其直接材料、直接人工和制造费用。公司从未有大量的在产品(大部分工作的开工和完工在同一天内)。

　　2. 运用要求1中的职能分类法,计算铺设管道的平均设备小时成本。

　　3. 假设唯一重要的成本动因是设备小时,并假定成本是严格固定或严格变动的,将成本按固定或变动分类,建立可描述盖特威公司成本结构的方程式。

　　4. 假定A公司现有闲置设备,并准备一项有潜力的投标项目。他确信每设备小时140的标价将会中标。请说明成本性态的知识将如何帮助他进行投标决策。

## 八、拓展题

　　结合本章思政元素,请编写一则相关案例或者撰写一篇相关小论文,字数不少于300字。

## 【参考答案】

### 一、单项选择题

| 题号 | 1 | 2 | 3 | 4 | 5 | 6 | 7 | 8 | 9 | 10 |
|---|---|---|---|---|---|---|---|---|---|---|
| 答案 | C | D | C | B | A | B | C | D | C | A |
| 题号 | 11 | 12 | 13 | 14 | 15 | 16 | 17 | 18 | 19 | 20 |
| 答案 | A | B | D | B | B | D | B | C | C | D |

## 二、多项选择题

| 题号 | 1 | 2 | 3 | 4 | 5 |
|---|---|---|---|---|---|
| 答案 | BC | AD | ABC | ABCD | ABD |
| 题号 | 6 | 7 | 8 | 9 | 10 |
| 答案 | ABCD | ACD | ABC | ACD | BC |
| 题号 | 11 | 12 | 13 | 14 | 15 |
| 答案 | ABCD | ABC | AB | ABC | ABD |

## 三、判断题

| 题号 | 1 | 2 | 3 | 4 | 5 | 6 | 7 | 8 | 9 | 10 |
|---|---|---|---|---|---|---|---|---|---|---|
| 答案 | √ | √ | × | × | × | √ | × | × | √ | × |
| 题号 | 11 | 12 | 13 | 14 | 15 | 16 | 17 | 18 | 19 | 20 |
| 答案 | × | × | × | × | × | √ | × | × | × | √ |

## 四、名词解释

1. 现金支出成本:那些由当前决策引起的,需要在未来动用现金支付的成本。

2. 沉没成本:那些由过去决策引起的,企业已经支付过款项的成本。

3. 重置成本:在目前市场条件和物价水平下重新购买相同资产所需支付的成本。

4. 差别成本:一个备选方案的预期成本与另一个备选方案的预期成本之差。

5. 边际成本:产量无限小的变化所引起的成本变动。实践中边际成本通常指在生产能力相关范围内,每增加或减少一个单位产量所引起的成本变动。

6. 机会成本:从各个备选方案中选取最优方案而放弃次优方案所丧失的潜在利益。

7. 可避免成本:成本发生与否完全取决于与之相联系的备选方案是否被采纳的成本,这一成本称为可避免成本。

8. 可递延成本:在企业财力负担有限的情况下,对已决定选用的某一方案若推迟执行,还不至于影响企业大局,那么与这一方案有关的成本就称为可递延成本。

9. 专属成本:可以明确归属于某种、某批或某个部门的固定成本,亦称特定成本。

10. 共同成本:那些需由多种(批)产品或多个部门共同负担的成本,如管理人员工资、办公用品费、应由各联产品共同负担的联合成本等。

11. 成本性态:成本与业务量之间的数量关系。

12. 变动成本:在一定范围内,成本总额与业务量之间保持正比例关系的成本。

13. 固定成本:在相关范围内,成本总额不随业务量变动而变动的成本。

14. 可控成本:在特定时期内,从一个单位或部门看,属于这个单位或部门权责范围内,能直接控制其发生的成本。

## 五、简答题

1. 答:成本性态是指成本总额与业务活动水平之间的数量依存关系。影响成本的业务活动也称为成本动因。引起成本发生的动因有很多,常见的是与数量有关的成本动因,一般表现为业务量。

成本与业务量之间的关联是客观存在的,这是成本的固有性质,研究二者之间的规律性联系,有助于企业充分挖掘内部潜力,有效地控制成本,取得最好的经济效益。

成本按其性态进行分类,是变动成本计算的基础,也是研究管理会计方法的起点。成本性态分析可以使管理者掌握成本与产(销)量变动的规律性,进而分析计算有关指标,为企业正确的经营决策和控制活动提供有价值的数据。

成本按成本性态分类:固定成本、变动成本、混合成本。

2. 答:"相关范围"是指成本总额与业务量呈线性联系的特定时期或特定的业务量范围。

由于固定成本和变动成本"相关范围"的存在,使得各项成本的性态具有相对性、暂时性和可转化性的特点。因此不应该对成本性态做绝对的理解。

成本性态的相对性是指在同一时期内,同一成本项目在不同企业之间可能具有不同的性态。因而,不能盲目照抄别人现成的成本性态分析结论。

成本性态的暂时性是指就同一企业而言,同一成本项目在不同时期可能有不同的性态。因此,企业必须根据变化情况,经常进行成本性态分析,不能机械地把过去的分析结论看作一成不变的。

成本性态的可转化性是指在同一时空条件下,某些成本项目可以在固定成本和变动成本之间实现互相转化。如空运公司支付的空运租金,在长期包租飞机时便是固定成本,而在临时租用货位时则是变动成本。了解这一特性有助于灵活地分析成本性态。

3. 答:混合成本的分解方法通常有账户分析法、合同确认法、工程分析法和历史成本分解法。

4. 答:差别成本和变动成本是两个不同的概念,且二者在量上也不一定相同。在"相关范围"内,差别成本表现为该方案的相关变动成本,即等于该方案的单位变动成本与相关业务量的乘积。具体讲,对于具有相同内容但生产能力利用程度不同的两个方案,差别成本等于变动成本增减额;当生产能力发生变动时,差别成本可能包括固定成本,若产量超出固定成本的"相关范围",则此时的差别成本等于变动成本增减额与固定成本增减额之和。

## 六、计算分析题

1. 解:

(1)首先计算在每月用电额度内生产甲产品的最高产量。

用电额度内甲产品的最高产量＝(用电额度－照明用电量)/甲产品每件耗电量

$$＝(80\ 000－4\ 000)/25＝3\ 040(件)$$

然后建立电费在额度内的混合成本公式。

用电额度内的电费混合成本＝$(1\ 000+0.27×4\ 000)+(0.27×25)x=2\ 080+6.75x$

若甲产品的产量在 3 040 件以内,则电费混合成本中的固定成本总额为 2 080 元,单位变动成本为 6.75 元,变动成本总额为 6.75 乘以产量。

（2）建立电费在额度以上的混合成本公式。

用电额度以上的电费混合成本＝产量 3 040 件的电费成本＋产量 3 040 件以上部分的电费

$$=(2\ 080+6.75×3\ 040)+(0.27×10×25x)$$
$$=22\ 600+67.5x$$

若甲产品的产量在 3 040 件以上,则电费混合成本中的固定成本总额为 22 600 元,单位变动成本为 67.5 元,变动成本总额为 67.5 乘以产量。

2. 解：

（1）高低点法：$b=\dfrac{8\ 800-8\ 400}{220-160}≈6.67,a=8\ 800-6.67×220=7\ 332.6$

$y=7\ 332.6+6.67x$

散点图法（略）。

回归分析法：$a=7\ 243.93,b=7.04$

$y=7\ 243.93+7.04x$

（2）预计维修费＝9 074.33（元）

## 七、案例分析题

答案略。

## 八、拓展题

答案略。

# 第三章　变动成本法

【思维导图】

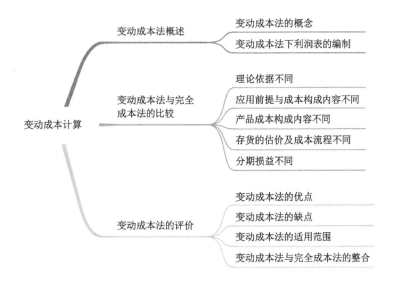

【学习指导】

## 一、学习目的与要求

在成本性态分析基础上,按照成本的习性来控制生产经营过程中的成本支出。通过本章的学习,理解完全成本法与变动成本法的含义及区别,掌握两种成本法下利润表的编制,充分理解并掌握两种方法计算分期损益的含义及变动规律;熟悉对两种方法的评价。了解如何整合两种成本计算体系。

## 二、学习重点

本章的学习重点是充分理解并掌握完全成本法与变动成本法的含义及区别,掌握两种成本法下利润表的编制,充分理解并掌握两种方法计算分期损益的含义及变动规律;熟悉对两种方法的评价。

### 三、学习难点

本章的学习难点一是两种成本计算法的区别,二是理解两种方法计算分期损益的含义及变动规律。在学习过程中要把握重点概念,结合理论和案例,循序渐进。

**【章节练习】**

### 一、单项选择题

1. 当期初存货为零(或前后两期的产量相等),本期产量大于本期销售量时,完全成本法计算的税前净利和变动成本法计算的税前净利比较,是(    )。

    A. 前者大于后者            B. 前者等于后者

    C. 前者小于后者            D. 以上都不对

2. 某厂只生产一种产品,其固定成本总额为 60 000 元,全年产量上年为 1 500 件,期初无存货,本年为 1 200 件,全年销售量上年为 1 300 件,本年为 1 230 件,在此条件下本年按完全成本法计算的税前净利和按变动成本法计算的税前净利比较,是(    )。

    A. 前者比后者多 500 元       B. 前者比后者少 500 元

    C. 前者比后者多 1 200 元      D. 前者比后者少 1 200 元

3. 某产品在产量为 200 件时,总成本为 60 000 元,产量为 300 件时,总成本为 75 000 元,则该产品的单位变动成本是(    )元。

    A. 300                   B. 250

    C. 150                   D. 125

4. 完全成本法下成本分类的标准是(    )。

    A. 成本习性               B. 经济用途

    C. 可辨认性               D. 可盘存性

5. 在固定成本总额、单价和单位变动成本各年相同的条件下,要使变动成本法计算的各年税前净利相等,则要(    )。

    A. 各年的产量相等

    B. 各年的销售量相等

    C. 各年的产量等于其销售量

    D. 各年的期末存货相等

6. 在固定成本总额、单价、单位变动成本不变的条件下,要使两种成本法计算的税前净利相等的条件是(    )。

    A. 前后两期的产量和销量都相等

    B. 期末存货吸收的固定成本等于期初存货释放的固定成本

    C. 期末存货量大于期初存货量

    D. 期末存货量小于期初存货量

7. 在其他条件相同的情况下,变动成本法计算下的单位产品成本与完全成本法计算下的单位产品成本相比(    )。

    A. 相同                  B. 大

C. 小                  D. 无法确定

8. 如果本期销售量比上期增加,在其他条件相同的情况下,则可以断定按变动成本法计算的本期营业利润(　　)。

A. 一定等于上期            B. 应当大于上期

C. 应当小于上期            D. 可能等于上期

9. 在下列各项中,能够成变动成本法产品成本内容的是(　　)。

A. 变动成本               B. 固定成本

C. 生产成本               D. 变动生产成本

10. 在变动成本法下,销售收入与变动成本之差等于(　　)。

A. 净利润                 B. 营业利润

C. 销售毛利               D. 贡献边际

11. 如果完全成本法的期末存货成本比期初存货成本多 20 000 元,而变动成本法的期末存货成本比期初存货成本多 8 000 元,则可断定两种成本法的广义营业利润之差为(　　)元。

A. 8 000      B. 12 000      C. 28 000      D. 20 000

12. 在管理会计的发展过程中,变动成本法最初被称为(　　)。

A. 吸收成本法            B. 归纳成本法

C. 直接成本法            D. 边际成本法

13. 若某企业连续三年按变动成本法计算的营业利润分别为 10 000 元、12 000 元和 11 000 元,在此期间,单价及成本保持不变,则下列表述中正确的是(　　)。

A. 第三年的销量最小        B. 第二年的销量最大

C. 第一年的产量比第二年少      D. 第二年的产量比第三年多

14. 下列各项中,能够揭示变动成本法局限性表述的是(　　)。

A. 数据不正确            B. 不符合传统的成本观念

C. 不便于记账            D. 不为管理部门所理解

15. 如果某期按变动成本法计算的营业利润为 5 000 元。该期产量为 2 000 件,销售量为 1 000 件,期初存货为零,固定性制造费用总额为 2 000 元,则按完全成本法计算的营业利润为(　　)元。

A. 0                    B. 1 000

C. 5 000               D. 6 000

## 二、多项选择题

1. 完全成本法和变动成本法进行比较,正确的是(　　)。

A. 完全成本法计算的税前净利与变动成本法计算的税前净利的差额等于完全成本法下期末存货吸收的固定制造费用与期初存货释放的固定制造费用之差

B. 只要期末存货量等于期初存货量,任何条件下两法计算的税前净利都相等

C. 如果期初无存货,期末存货量大于零,则完全成本法计算的税前净利大于变动成本法计算的税前净利

D. 两法共同的期间成本是非制造成本,即销售费用和管理费用

E. 两法共同的产品成本是变动生产成本,即直接材料、直接人工、变动性制造费用

F. 两法的主要差别是完全成本法的产品成本要包括固定性制造费用,变动成本法不包括它,而是将它作为期间成本全部列入损益表,从当期销售收入中扣减

2. 变动成本法中的变动成本是(　　)。

A. 制造和非制造两种变动成本

B. 直接材料和直接人工

C. 非制造单位变动成本,等于非制造变动成本总额除以产量

D. 非制造单位变动成本,等于非制造变动成本总额除以销售量

3. 变动成本法所提供的信息对强化企业管理有相当大的积极作用,如(　　)。

A. 加强成本管理　　　　　　　B. 促进以销定产

C. 调动企业增产的积极性　　　D. 简化成本核算

E. 满足对外报告的需要

4. 完全成本法计入当期损益表的期间成本包括(　　)。

A. 固定性制造费用　　　　　　B. 变动性制造费用

C. 固定性销售和管理费用　　　D. 变动性销售和管理费用

5. 在变动成本法下,产品成本包括(　　)。

A. 变动管理费用　　　　　　　B. 变动销售费用

C. 变动制造费用　　　　　　　D. 直接材料　　　E. 直接人工

6. 在变动成本法下,期间成本通常包括(　　)。

A. 固定性制造费用　　　　　　B. 间接材料费

C. 间接人工费　　　　　　　　D. 管理费用　　　E. 销售费用

7. 在完全成本法下,期间费用应当包括(　　)。

A. 制造费用　　　　　　　　　B. 变动性制造费用

C. 固定性制造费用　　　　　　D. 销售费用　　　E. 管理费用

8. 在下列各项中,能够揭示完全成本法与变动成本法区别的有(　　)。

A. 损益计算程序不同　　　　　B. 应用的前提条件不同

C. 产品成本构成内容不同　　　D. 常用的销货成本计算公式不同

E. 对固定成本的认识与处理方法不同

9. 下列项目中,与可能导致完全成本法和变动成本法确定的分期损益出现差异完全无关的因素有(　　)。

A. 直接材料　　　　　　　　　B. 管理费用

C. 财务费用　　　　　　　　　D. 销售费用　　　E. 固定性制造费用

10. 在期初存货不为零的情况下,完全成本法下应用"单位生产成本×本期销售量"计算当期销货成本的前提条件有(　　)。

A. 前后期固定成本总额不变　　B. 前后期单位变动成本不变

C. 前后期非生产成本不变　　　D. 前后期产量不变

E. 前后期销量不变

11. 在下列各项中,属于变动成本法应用前提条件的有(　　)。

A. 要求进行成本性态分析

B. 要求把属于混合成本性质的费用分解

C. 把混合成本性质的制造费用按生产量进行分解

D. 把混合成本性质的销售费用按销售量进行分解

E. 把混合成本性质的管理费用按销售量进行分解

12. 下列各项中,属于完全成本法缺点的内容有(　　　)。

A. 无法揭示利润与销售量之间的依存关系

B. 可能歪曲各部门降低成本的业绩

C. 不利于管理者理解信息

D. 可能导致盲目生产

E. 计算比较复杂

## 三、判断题

1. 在相关范围内,不论各期产量是否相等,只要销售量相等,其按完全成本法计算的税前净利各期都相等。　　　　　　　　　　　　　　　　　　　　　　　　(　　)

2. 在确定企业的成本与利润时,完全成本法要考虑所有的成本,而变动成本法只考虑变动成本。　　　　　　　　　　　　　　　　　　　　　　　　　　　　　　(　　)

3. 完全成本法和变动成本法下存货成本中都包括固定成本、变动成本。　(　　)

4. 变动成本法取代完全成本法不符合现行会计制度的统一要求。　　　(　　)

5. 按照变动成本法的解释,期间成本中只包括固定成本。　　　　　　(　　)

6. 生产成本中的直接成本就是变动成本,间接成本就是固定成本。　　(　　)

7. 当存货量不为零时,按变动成本法确定的存货成本必然小于完全成本法下的存货成本。　　　　　　　　　　　　　　　　　　　　　　　　　　　　　　　　(　　)

8. 在一般情况下,两种成本法分期营业利润的差额受到产销平衡关系的影响。(　　)

9. 变动成本法和完全成本法计入利润表的期间费用,虽然形式上不同,但实质上相同。　　　　　　　　　　　　　　　　　　　　　　　　　　　　　　　　　(　　)

10. 当产销绝对平衡时,按变动成本法确定的存货成本必然等于完全成本法的存货成本。　　　　　　　　　　　　　　　　　　　　　　　　　　　　　　　　(　　)

11. 变动成本法的理论前提是产品成本只应该包括变动生产成本,固定生产成本必须作为期间成本处理。　　　　　　　　　　　　　　　　　　　　　　　　　　(　　)

12. 变动成本法既有利于短期决策又有利于长期决策。　　　　　　　(　　)

## 四、简答题

1. 变动成本法有何优缺点?

2. 简述完全成本法与变动成本法的区别。

## 五、计算分析题

1. 某公司生产一种产品,第一年和第二年的生产量分别为 3 000 件和 2 400 件,销售量分别为 2 000 件和 3 000 件。该公司存货计价采用先进先出法,第一年没有期初存货。单位产品售价为 15 元,单位产品变动生产成本为 5 元,固定性制造费用为 18 000 元,销售费用和管理费用(全部固定)为 2 500 元。

要求：

(1) 分别采用变动成本法和完全成本法计算第一年和第二年的营业净利润；

(2) 说明第一年和第二年采用两种成本法计算营业净利润发生差额的原因。

2. 设某厂只生产和销售一种产品，这种产品的单位售价为 15 元，每个月正常的生产和销售量为 5 000 件，以月正常生产量为基础确定的产品单位成本为 10.2 元，其具体组成如下：

|  | 总成本(元) | 单位成本(元) |
|---|---|---|
| 变动成本(元) | 37 500 | 7.5 |
| 固定成本(元) | 13 500 | 2.7 |
| 合　计(元) | 51 000 | 10.2 |

假定生产中没有发生成本差异，存货的计价采用先进先出法，1—3月份各月的生产量和销售量如下：

1 月份：生产 5 000 件，销售 5 000 件

2 月份：生产 5 400 件，销售 4 700 件

3 月份：生产 4 500 件，销售 5 200 件

要求：

(1) 根据上述资料，分别采用变动成本法和完全成本法计算，具体确定 1—3 月份的净收益；

(2) 具体说明 1—3 月份各月分别采用两种成本法据以确定的净收益发生差异的原因；

(3) 具体说明采用完全成本法计算所确定的 1 月份和 2 月份、2 月份和 3 月份的净收益发生差异的原因；

(4) 具体说明采用变动成本法计算所确定的 1 月份和 2 月份、2 月份和 3 月份的净收益发生差异的原因。

## 六、案例分析题

案例一：变动成本计算

(一)背景资料

某电冰箱股份有限公司连续两年亏损，总经理召集有关部门的负责人开会研究扭亏为盈的办法。会议纪要如下：

总经理：我公司去年亏损 500 万元，比前年还糟糕。中国证监会对于连续三年亏损的企业将暂停上市交易，进行特别处理；金融机构对于连续三年亏损的企业，也将停止贷款。如果今年再不扭亏为盈，不只是我，大家的日子也不会好过。今天把大家请来，就是要大家多出点主意，想些办法。希望大家能集思广益，畅所欲言。

销售部经理：问题的关键是，我们以每台冰箱 1 650 元的价格销售，而每台冰箱的成本是 1 750 元。如果提高售价，面临竞争，冰箱就卖不出去。出路只有降低成本；否则，销售越多，亏损越大。

生产部经理：我不同意！每台冰箱的生产成本只有 1 500 元，我公司的生产设备和工艺是国内最先进的，技术力量强，熟练工人多，控制物料消耗成本的经验得到了行业学会的肯定与

表扬,大家应该都还有印象。现在的问题在于生产线的设计能力是年产 10 万台,而因为销路打不开,去年只生产了 4 万台,所销售的 5 万台中,还有 1 万台是前年生产的。对了,前年的产量也是只有 4 万台。现在由于开工不足,大半数工人面临下岗,内部矛盾增加,人心已经涣散。

总经理:成本到底是怎么回事?

财务部经理:每台冰箱的变动生产成本是 1 100 元,全年固定制造费用总额是 1 600 万元,全年固定销售及管理费用总额是 1 250 万元。我建议:生产部门满负荷生产,通过扩大产量来降低单位产品负担的固定制造费用。这样,即使不提价,不扩大销售量,也能扭亏为盈,度过危机。但是,为了减少将来的风险,提高企业的市场竞争能力,今年应追加 50 万元改进产品质量,这笔费用计入固定制造费用;再追加 150 万元的固定销售费用,其中 100 万元用于广告宣传,50 万元用于提高销售人员的待遇。

总经理:会议到此结束,会后请财务部经理马上到我办公室来一趟。

（二）要求

（1）说明去年亏损的 500 万元是怎样计算出来的?

（2）如果采纳财务部经理的建议,不提价也不扩大销售量,而且比上年又增加 50 万元的固定制造费用和 150 万元的固定销售费用,真能扭亏为盈吗? 按完全成本法编制该公司的损益表。

（3）如果对外报送的会计报表改按变动成本法列报,采纳财务部经理的建议后,其净收益(或净亏损)应为多少?

（4）计算两种成本法下净收益的差额,并解释形成差异的原因。

（5）结合本例简要说明按完全成本法对外提供会计报表做法的缺陷。

案例二:变动成本法与完全成本法

凯思任药品供应部的经理已经 3 年了。第 1 年,部门净利润比上年大幅度增加。第 2 年,净利润增加更多。凯思的老板,负责经营的副总经理十分高兴。他允诺,如果今年还能保持同样的利润增长,将奖励她 50 000 元。凯思很高兴,她完全有信心实现这一目标。销售合同已经超过去年的水平,她还了解到成本与去年持平。

第 3 年末,凯思收到了 3 年来的经营数据。读完这些数据,凯思十分高兴。销售额比去年增加 20%,成本保持稳定。可是,当她看完年度损益表后,却感到十分沮丧和困惑。第 3 年的利润并没有大幅度增加,相反却降低了一些。一定是会计部门弄错了。

药品供应部门的会计主任约见了凯思,并向她解释出现异常结果的原因。

“凯思,这没有错。今年净利润确实比前两年低。这很容易通过存货的变动来解释。”

“存货? 它与利润有什么关系? 今年我们进行了大量的工作来管理存货。存货在过去的两年里是增加了。但今年我增加了销售量并降低了存货,这是好事,不是坏事!”

“是的,凯思。从经营角度看确实是这样。但是,你要意识到存货中包含着成本。这些成本直到销售后才列示在损益表上,然后从收入中流出,减少了利润。”

“这不公平。这是否意味着即使我们出售所有存货,实现预定的成本和销售计划,我也会失去奖金。”

“是的,凯思。我很抱歉。但是,利润是确定的。我很高兴能向你解释我们如何计算利润。我们使用完全成本法,这是公认会计原则所要求的。还有另外一种成本计算方法,变动成本法。看来你正不自觉地使用了这种方法。"

"有两种计算利润的方法吗？他们有区别吗？"

"是的，变动成本法下，存货变动不影响利润。因此，如果用变动成本法，今年的利润就会较高，可是，过去两年的利润却会低一些。因而从长期看，利润总额相等。"

"嗯，我不知道副总经理是否会考虑采纳变动成本计算法。"

以下是凯思收到的3年来的营业数据及年度损益表。

**表 3-1 营业数据**　　　　　　　　　　单位：元

| 项目 | 第1年 | 第2年 | 第3年 |
|---|---|---|---|
| 生产量（件） | 10 000 | 11 000 | 9 000 |
| 销售量（件） | 8 000 | 10 000 | 12 000 |
| 单价 | 10 | 10 | 10 |
| 单位成本 | | | |
| 固定制造费用* | 2.90 | 3.00 | 3.00 |
| 变动制造费用 | 1.00 | 1.00 | 1.00 |
| 直接材料 | 1.90 | 2.00 | 2.00 |
| 直接人工 | 1.00 | 1.00 | 1.00 |
| 变动销售费用 | 0.40 | 0.50 | 0.50 |
| 实际固定制造费用 | 29 000 | 30 000 | 30 000 |
| 其他固定成本 | 9 000 | 10 000 | 10 000 |

注：* 预定固定制造费用分配率以预计生产量和预计固定制造费用为基础计算。每年预计生产量为 10 000 单位。任何少分配或多分配的固定制造费用都结转进主营业务成本账户。

**表 3-2 年度损益表**　　　　　　　　　　单位：元

| 项目 | 第1年 | 第2年 | 第3年 |
|---|---|---|---|
| 销售收入 | 80 000 | 100 000 | 120 000 |
| 减：产品销售成本* | 54 400 | 66 600 | 87 000 |
| 毛利 | 25 600 | 33 400 | 33 000 |
| 减：销售和管理费用** | 12 200 | 15 000 | 16 000 |
| 净利润 | 13 400 | 18 400 | 17 000 |

注：

① * 产品销售成本：

54 400 = 8 000 × (2.90 + 1.00 + 1.90 + 1.00)

66 600 = 2 000 × (2.90 + 1.00 + 1.90 + 1.00) + [11 000 × (1.00 + 2.00 + 1.00) + 30 000] − 3 000 × (3.00 + 1.00 + 2.00 + 1.00)

87 000 = (3.00 + 1.00 + 2.00 + 1.00) × 12 000 − (9 000 × 3.00 − 30 000)

② ** 销售和管理费用：

12 200 = 8 000 × 0.4 + 9 000

15 000 = 10 000 × 0.5 + 10 000

16 000 = 12 000 × 0.5 + 10 000

讨论：

（1）解释为什么凯思会失去 50 000 元奖金。

（2）用变动成本法编制各年度的损益表。

（3）如果你是公司的副总经理，你将选择用哪种方法（变动成本法还是完全成本法）编制的损益表来评价凯思的业绩？为什么？

## 七、拓展题

结合本章思政元素，请编写一则相关案例或者撰写一篇相关小论文，字数不少于300字。

## 【参考答案】

### 一、单项选择题

| 题号 | 1 | 2 | 3 | 4 | 5 |
|---|---|---|---|---|---|
| 答案 | A | A | C | B | B |
| 题号 | 6 | 7 | 8 | 9 | 10 |
| 答案 | B | C | B | D | D |
| 题号 | 11 | 12 | 13 | 14 | 15 |
| 答案 | B | C | B | B | D |

### 二、多项选择题

| 题号 | 1 | 2 | 3 | 4 | 5 | 6 |
|---|---|---|---|---|---|---|
| 答案 | ACDEF | AD | ABD | CD | CDE | ADE |
| 题号 | 7 | 8 | 9 | 10 | 11 | 12 |
| 答案 | DE | ABCE | ABCD | ABD | ABCDE | ABCDE |

### 三、判断题

| 题号 | 1 | 2 | 3 | 4 | 5 | 6 |
|---|---|---|---|---|---|---|
| 答案 | × | × | × | √ | × | × |
| 题号 | 7 | 8 | 9 | 10 | 11 | 12 |
| 答案 | √ | × | × | × | √ | × |

### 四、简答题

1. 答：变动成本法的优点：

(1) 变动成本法能够揭示利润和业务量之间的正常关系,有利于促使企业重视销售工作;

(2) 变动成本法可以提供有用的管理信息,为企业预测前景、规划未来做出正确决策服务;

(3) 变动成本法能够便于分清各部门的经济责任,有利于进行成本控制与业绩评价;

(4) 采用变动成本法可以简化成本核算工作,便于加强日常管理。

变动成本法的缺点:

(1) 不符合传统的成本概念,无法用于对外提供财务报表和纳税申报,只能为企业内部管理服务;

(2) 不能适应长期决策的需要;

(3) 改变成本计算法可能会影响有关方面的利益;

(4) 在新的技术、经济条件下,变动成本法的适用性受到一定的影响。

2. 答:(1) 应用的前提条件不同;(2) 产品成本及期间成本的构成不同;(3) 销货成本和存货成本的确定方式不同;(4) 分期损益不同;(5) 提供信息的目的不同。

## 五、计算分析题

1. 解:

(1) 变动成本法下的净利润

第 1 年:$P = 15 \times 2\,000 - 5 \times 2\,000 - 18\,000 - 2\,500 = -500(元)$

第 2 年:$P = 15 \times 3\,000 - 5 \times 3\,000 - 18\,000 - 2\,500 = 9\,500(元)$

完全成本法下的净利润

第 1 年:$P = 15 \times 2\,000 - (5 + 18\,000/3000) \times 2\,000 - 2\,500 = 5\,500(元)$

第 2 年:$P = 15 \times 3\,000 - [(5 + 18\,000/3\,000) \times 1\,000 + (18\,000/2\,400 + 5) \times 2\,000] - 2\,500 = 6\,500(元)$

(2) 略。

2. 解:

(1) 变动成本法下的净利润

1 月:$P = 15 \times 5\,000 - 7.5 \times 5\,000 - 13\,500 = 24\,000(元)$

2 月:$P = 15 \times 4\,700 - 7.5 \times 4\,700 - 13\,500 = 21\,750(元)$

3 月:$P = 15 \times 5\,200 - 7.5 \times 5\,200 - 13\,500 = 25\,500(元)$

完全成本法下的净利润

1 月:单位产品成本 $= 7.5 + 13\,500/5\,000 = 10.2(元)$

2 月:单位产品成本 $= 7.5 + 13\,500/5\,400 = 10.0(元)$

3 月:单位产品成本 $= 7.5 + 13\,500/4\,500 = 10.5(元)$

1 月:$P = 15 \times 5\,000 - 10.2 \times 5\,000 = 24\,000(元)$

2 月:$P = 15 \times 4\,700 - (0 + 10 \times 5\,400 - 10 \times 700) = 23\,500(元)$

3 月:$P = 15 \times 5\,200 - [(10 \times 700) + (10.5 \times 4\,500)] = 23\,750(元)$

(2) 略。

(3) 略。

（4）略。

## 六、案例分析题

案例一解析：

（1）去年亏损：$P=(1\,650-1\,750)\times 5=-500$（万元）

（2）完全成本法：$P=1\,650\times 5-(1\,650/10+1\,100)\times 5-(1\,250+150)=525$（万元）

（3）变动成本法：$P=1\,650\times 5-1\,100\times 5-1\,650-1\,400=-300$（万元）

（4）略。

（5）略。

案例二解析：

（1）从三年来的营业数据来看，凯思在第 3 年增加了销售量，减少了库存，这本是应得到嘉奖的行为。但由于她所在的公司采用完全成本法计算利润，使得凯思第 3 年的销售成本里含有以前年度存货中包含的成本。这些成本直到销售后才列示在损益表上，然后从收入中流出，从而减少了利润。利润指标未能完成，导致凯思失去了 50 000 元奖金。

（2）变动成本计算法下的损益表如表 3-3 所示。

表 3-3　损益表　　　单位：元

| 项目 | 第 1 年 | 第 2 年 | 第 3 年 |
| --- | --- | --- | --- |
| 销售收入 | 80 000 | 100 000 | 120 000 |
| 减：变动费用 | | | |
| 变动产品销售成本* | 31 200 | 39 800 | 48 000 |
| 变动销售费用** | 3 200 | 5 000 | 6 000 |
| 边际贡献 | 45 600 | 55 200 | 66 000 |
| 减：固定费用 | | | |
| 固定制造费用 | 29 000 | 30 000 | 30 000 |
| 固定销售管理费用 | 9 000 | 10 000 | 10 000 |
| 净利润 | 7 600 | 15 200 | 26 000 |

注：

① * 变动产品销售成本：

$31\,200=8\,000\times(1.00+1.90+1.00)$

$39\,800=2\,000\times(1.00+1.90+1.00)+8\,000\times(1.00+2.00+1.00)$

$48\,000=12\,000\times(1.00+2.00+1.00)$

② ** 变动销售费用：

$3\,200=8\,000\times0.4$

$5\,000=10\,000\times0.5$

$6\,000=12\,000\times0.5$

（3）根据所提供的材料，结合所学知识进行分析，要求自圆其说。

## 七、拓展题

答案略。

# 第四章　本量利分析

## 【思维导图】

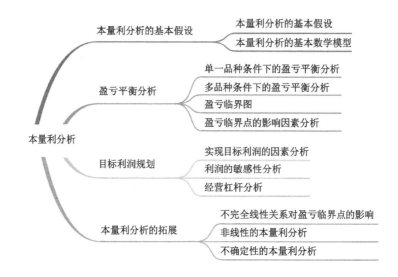

## 【学习指导】

### 一、学习目的与要求

本章的学习目的是使同学们在了解本量利分析基本假设的前提下,掌握本量利分析的基本方法及其应用技巧,能够熟练地进行盈亏平衡分析和目标利润规划。

通过本章的学习,帮助学生理解本量利分析的概念、基本假设和相关方法;熟练掌握单一品种和多品种条件下的盈亏平衡分析,掌握盈亏临界图的绘制方法;熟练掌握目标利润规划中影响因素分析、敏感性分析和经营杠杆分析;帮助学生理解本量利分析的局限性和相关拓展。

### 二、学习重点

(1)了解本量利分析的基本假设;

(2)掌握本量利分析相关概念和方法;

(3)熟练掌握盈亏临界点分析、实现目标利润分析、敏感性分析;

(4)掌握多品种条件下的本量利分析方法;

（5）了解不完全线性、非线性和不确定性的本量利分析。

## 三、学习难点

（1）本量利的基本分析方法，当相关因素逐一发生变化时，如何有效地进行决策；

（2）非线性和不确定性条件下的本量利分析。

## 【章节练习】

### 一、单项选择题

1. 根据本量利分析原理，只能提高安全边际量而不会降低盈亏临界点销售量的措施是（    ）。

A. 提高单价　　　　　　　　　B. 增加产销量

C. 降低单位变动成本　　　　　D. 压缩固定成本

2. 在销售量水平一定的情况下，盈亏临界点的销售量越大，说明企业的（    ）。

A. 经营风险越小　　　　　　　B. 经营风险越大

C. 财务风险越小　　　　　　　D. 财务风险越大

3. 若安全边际率为 40%，正常销售量为 1 000 件，则盈亏临界点的销售量为（    ）件。

A. 200　　　　　　　　　　　B. 800

C. 600　　　　　　　　　　　D. 400

4. 某企业销售单一产品，如果固定成本不变，单价和单位变动成本等比例上升，则盈亏临界点销售量（    ）。

A. 上升　　　　　　　　　　　B. 下降

C. 不变　　　　　　　　　　　D. 三种情况都有可能出现

5. 在本量利分析中，假定产品成本计算的基础是（    ）。

A. 吸收成本法　　　　　　　　B. 制造成本法

C. 完全成本法　　　　　　　　D. 变动成本法

6. 作业成本率和安全边际率之间的关系是（    ）。

A. 两者相等　　　　　　　　　B. 前者一般大于后者

C. 后者一般大于前者　　　　　D. 两者之和等于 1

7. 某企业只生产一种产品，单位变动成本为 36 元，固定成本总额为 4 000 元，产品单价为 56 元，要使安全边际率达到 50%，该企业的销售量应达到（    ）件。

A. 400　　　　　　　　　　　B. 222

C. 143　　　　　　　　　　　D. 500

8. 某企业只生产一种产品，单价为 6 元，单位变动生产成本为 4 元，单位变动销售和管理变动成本为 0.5 元，销量为 500 件，则其产品边际贡献为（    ）元。

A. 650　　　　　　　　　　　B. 750

C. 850　　　　　　　　　　　D. 950

9. 已知甲企业为生产和销售单一产品企业。该企业计划年度销售量为 1 000 件，销售单价为 50 元，单位变动成本为 30 元，固定成本总额为 25 000 元，则销售量、单价、单位变动成本、固定成本各因素的敏感程度由高到低排序是（　　）。

A. 单价＞销售量＞单位变动成本＞固定成本

B. 单价＞单位变动成本＞销售量＞固定成本

C. 单价＞单位变动成本＞固定成本＞销售量

D. 单价＞销售量＞固定成本＞单位变动成本

10. 销售收入为 20 万元,贡献毛益率为 60%,其变动成本总额为（　　）万元。

A. 8           B. 12

C. 4           D. 16

11. 生产多品种产品企业测算综合保本销售额＝固定成本总额÷（　　）。

A. 单位边际贡献           B. 边际贡献率

C. 单价－单位变动成本           D. 综合边际贡献率

12. 已知产品销售单价为 24 元,保本销售量为 150 件,销售额可达 4 800 元,则安全边际率为（　　）。

A. 33.33%           B. 25%

C. 50%           D. 20%

13. 企业每月固定成本为 1 000 元,产品单价为 10 元,计划销售量为 600 件,欲实现目标利润 800 元,其单位变动成本为（　　）元。

A. 10           B. 9

C. 8           D. 7

14. 按照本量利分析的假设,收入函数和成本函数的自变量均为同一个（　　）。

A. 单位变动成本           B. 销售单价

C. 固定成本           D. 产销量

15. 在贡献式盈亏临界图中,总成本线与变动成本线之间的距离所代表的是（　　）。

A. 贡献边际           B. 固定成本

C. 利润区           D. 亏损区

16. 某公司生产的产品单价为 2 元,贡献边际率为 40%,本期的保本量为 20 万件,其固定成本为（　　）万元。

A. 16           B. 50

C. 80           D. 100

17. 已知某企业的销售收入为 10 000 元,固定成本为 2 200 元,保本作业率为 40%。在此情况下,该企业可实现利润是（　　）元。

A. 1 800           B. 2 300

C. 3 300           D. 3 800

18. 敏感系数所具有的性质是（　　）。

A. 敏感系数为正数,参量值与目标值发生同方向变化

B. 敏感系数为负数,参量值与目标值发生同方向变化

C. 只有敏感系数大于 1 的参量才是敏感因素

D. 只有敏感系数小于 1 的参量才是敏感因素

## 二、多项选择题

1. 本量利分析的基本假设有（　　　）。
A. 相关范围假设
B. 模型线性假设
C. 产销平衡假设
D. 品种结构不变假设

2. 在盈亏临界图中,盈亏临界点的位置取决于（　　　）等因素。
A. 固定成本
B. 单位变动成本
C. 销售量
D. 销售单价

3. 下列两个指标之和为 1 的有（　　　）。
A. 安全边际率与边际贡献率
B. 安全边际率与保本作业率
C. 保本作业率与变动成本率
D. 变动成本率与边际贡献率

4. 从盈亏临界点图得知（　　　）。
A. 盈亏临界点右边,成本大于收入,是亏损区
B. 销售量一定的情况下,盈亏临界点越高,盈利区越大
C. 实际销售量超过盈亏临界点销售量的部分就是安全边际
D. 安全边际越大,盈利面积越大

5. 保本销售额可以通过以下（　　　）公式计算。
A. 保本销售量×单位利润
B. 固定成本总额/贡献毛益率
C. 固定成本总额/(单价－单位变动成本)
D. 固定成本总额/加权平均贡献毛益率

6. 利润＝(实际销售量－保本销售量)×（　　　）。
A. 贡献毛益率
B. 单位利润
C. 单位贡献毛益
D. 单价－单位变动成本

7. 在下列项目中,能够决定保本点大小的因素有（　　　）。
A. 固定成本
B. 单位变动成本
C. 现有销售量
D. 销售单价
E. 目标利润

8. 在下列关于安全边际及安全边际率的描述中,内容正确的有（　　　）。
A. 安全边际是现有销售额超过保利点销售额的部分
B. 安全边际率是安全边际量与现有销售量之比
C. 安全边际率和保本作业率之和为 1
D. 安全边际率越大,企业发生亏损的可能性越大
E. 安全边际率能揭示确保企业不亏损的销量下降幅度

9. 下列各项中,属于安全边际指标表现形式的有（　　　）。
A. 安全边际量
B. 安全边际率
C. 安全边际额
D. 保本作业率
E. 贡献边际率

10. 当企业处于保本状态时,就意味着（　　　）。

A. 总收入等于总成本      B. 利润等于零

C. 贡献边际大于固定成本      D. 贡献边际小于固定成本

E. 贡献边际等于固定成本

11. 假设企业其他条件不变,只有固定成本总额从 10 000 元降到 9 000 元,则( )。

A. 保本点销售额减少 1 000 元      B. 利润增加 1 000 元

C. 保本点下降 10%      D. 利润增长 10%

12. 由于企业存在固定成本,所以( )。

A. 贡献毛益总额大于利润      B. 经营杠杆系数大于 1

C. 经营杠杆系数等于 1      D. 经营杠杆系数等于 0

13. 如果利润变动率和销售变动率相等,则( )。

A. 固定成本总额等于 0      B. 固定成本总额等于 1

C. DOL=0      D. DOL=1

## 三、判断题

1. 某企业的变动成本率为 60%,安全边际率为 40%,则其销售利润率为 24%。

( )

2. 变动成本率高的企业,边际贡献率也高,创利能力也大。 ( )

3. 超过盈亏临界点以上的安全边际所提供的边际贡献就是企业的利润。 ( )

4. 盈亏临界点不变,业务量越大,则能实现的利润也越多。 ( )

5. 单价的敏感系数肯定大于固定成本的敏感系数。 ( )

6. 单纯从单价的敏感系数特征来看,涨价是企业提高盈利最有效的手段。 ( )

7. 敏感系数为负数,表明它和利润同向变动。 ( )

8. 当企业的贡献边际等于固定成本时,企业处于保本状态。 ( )

9. 通常,边际贡献是指产品边际贡献,即销售收入减去生产制造过程中的变动成本和
销售费用、管理费用的变动部分之后形成的差额。 ( )

10. 若单位产品售价与单位变动成本发生同方向同比例变动,则保本量不变。 ( )

11. 保本作业率能够反映企业在保本状态下生产经营能力的利用程度。 ( )

12. 在多品种条件下,若整个企业的利润为零,则说明各产品均已达到保本状态。

( )

13. 标准式本量利关系图主要适用于多品种条件下的本量利分析。 ( )

## 四、计算分析题

1. 某企业产销 A 产品 10 000 件,单价为 20 元,单位变动成本为 12 元,固定成本
为 16 000 元。

要求:

(1) 计算目前盈亏临界点的销售量。

(2) 该企业生产能力还有剩余,据调查,降价 30% 可使销售量翻倍,降价后可实现目标
利润是多少?

2. 假设某企业生产销售单一产品,每年产销量为 50 000 件,单价为 24 元,单位变动成

本为 18 元,固定成本总额为 150 000 元,目前年利润达到 150 000 元,计划年度目标利润为 250 000 元。

要求:如要保证目标利润实现,计算计划年度目标利润的影响因素变化的上、下限。

3. 甲公司生产甲、乙、丙三种产品。为使公司利润最大,公司正在研究如何调整三种产品的生产结构,公司每月固定制造费用为 400 000 元,每月固定期间费用为 300 000 元。甲、乙、丙三种产品的每日产销量、销售单价及单位变动成本如表 3-1 所示。

表 3-1　甲、乙、丙三种产品的每日产销量、销售单价及单位变动成本

| 项目 | 甲产品 | 乙产品 | 丙产品 |
|---|---|---|---|
| 每月产销量(件) | 1 400 | 1 000 | 1 200 |
| 销售单价(元) | 600 | 900 | 800 |
| 单位变动成本(元) | 400 | 655 | 450 |

要求:

(1) 计算当前三种产品的边际贡献总额、加权平均边际贡献率、盈亏临界点的销售额;

(2) 计算公司利润;

(3) 绘制量利式盈亏图。

4. 某企业生产和销售单一产品,计划年度内有关数据预测如下:销售量为 100 000 件,产品单价为 30 元,单位变动成本为 20 元,固定成本为 200 000 元。假定销售量、单价、单位变动成本和固定成本均分别增长 10%。

要求:计算各因素的敏感系数。

5. 某公司只生产一种产品,2023 年销售收入为 1 200 万元,税前利润为 120 万元,变动成本率为 60%。

要求:

(1) 计算该公司 2023 年的固定成本;

(2) 计算该公司 2023 年的保本额。

6. 某公司 2023 年销售收入为 180 000 万元,销售成本为 160 000 万元,其中固定成本为 88 000 万元,若 2024 年计划增加广告费 3 200 万元,产品单价仍为 40 元/件。

要求:

(1) 预测 2024 年该公司的保本点。

(2) 若 2024 年计划实现目标利润 52 800 万元,则目标销售额应为多少?

7. 某公司只销售一种产品,2023 年单位变动成本为 20 元,变动成本总额为 64 000 千元,共获税前利润 36 000 千元,若该公司计划于 2024 年维持销售单价不变,变动成本率仍维持 2023 年的 40%。

要求:

(1) 预测 2024 年的保本销售量。

(2) 若 2024 年的计划销售量比 2023 年提高 8%,则可获得多少税前利润?

## 五、案例分析题

案例:常印冰激凌加工厂决策分析

常印曾是一乡镇企业的经营策划者,他一直渴望成为一个老板,因此,他随时都在寻找发展事业的大好时机。

常印的家就在镇政府所在地,该镇每逢公历的2,5,8日都有集市,方圆近百里的人都到这里赶集。常印发现,每逢集市,都有百里以外的企业到这里批发或零售雪糕、冰激凌。大小商贩、个人要排很长的队才能买到,天气转热以后更是如此。有的人很早来排队,但到最后还是两手空空悻悻而归,他也时常看到乡村的娃娃花高价却吃了劣质的冰激凌。于是他想自己创办一个冰激凌加工厂,让父老乡亲可以吃到价廉可口的冰激凌。常印坚定了信心,开始进行市场调查。

(1)需求量资料:周边5个乡镇,每个乡镇约有人口8万,总计约40万。按现有生活水平和消费观念估算,即使在11—12月、1—4月淡季,每日也需要40 000支冰激凌;在5—10月,每日则需要80 000~90 000支。经咨询有关部门测算,若考虑乡镇之间远近和其他竞争市场的因素,该加工厂只要能保证冰激凌的质量,价格合理,就能够占有60%~65%的市场份额,即在淡季日需求量达到24 000~26 000支,旺季日需求量达到48 000~58 500支。

(2)成本费用资料:为了减少风险,常印打算去冷饮厂租设备,全套设备年租金需要45 000元(可用房地产等实物作抵押,不必支付货币现金);租库房和车间每月固定支付租金2 000元,工人可到市场随时招聘,按现行劳务报酬计算,每生产1 000支冰激凌应支付各类工人(包括熬料、打料、包装等工人)计件工资28;聘管理人员、采购人员各1名,月薪分别为1 500元,技术人员1名,月薪为2 000元(包括设备维护和修理);每月固定支付卫生费和税金1 000元。

在生产冰激凌时,按市场价格计算所耗各种费用如下(以每锅料为标准,每锅料能生产1 000支冰激凌):

① 主要材料:188元(淀粉100元 、奶粉56元、白砂糖30元、食用香精2元)。

② 其他:52元[水费3元(其中1元为冰激凌所耗用)、电费15元、煤炭费5元、氨4元(制冷用)、包装纸和棍:25元]。

(3)生产能力:从设备的运转能力看,日生产能力12锅;考虑机器设备的维修、节假日和天气情况(阴雨天)等原因,预计全年可工作300天左右。

(4)定价:按现行同等质量冰激凌的市场平均价格,定价为0.368元/支。

(5)资金来源:依靠个人储蓄(不考虑利息费用)。

要求:

(1)试用本量利分析常印冰激凌厂是否应开业。

(2)每年能获利多少?

(3)若要年获利25万元,能实现吗? 如不能实现,可以采用哪些措施? 可行吗?

## 六、拓展题

结合本章思政元素,请编写一则相关案例或者撰写一篇相关小论文,字数不少于300字。

# 【参考答案】

## 一、单项选择题

| 题号 | 1 | 2 | 3 | 4 | 5 | 6 | 7 | 8 | 9 | 10 |
|------|---|---|---|---|---|---|---|---|---|----|
| 答案 | B | B | C | B | D | D | A | B | B | A |
| 题号 | 11 | 12 | 13 | 14 | 15 | 16 | 17 | 18 | | |
| 答案 | D | B | D | D | B | A | C | A | | |

## 二、多项选择题

| 题号 | 1 | 2 | 3 | 4 | 5 | 6 | 7 |
|------|---|---|---|---|---|---|---|
| 答案 | ABCD | ABD | BD | CD | BD | CD | ABD |
| 题号 | 8 | 9 | 10 | 11 | 12 | 13 | |
| 答案 | BCE | ABC | ABE | BC | AB | AD | |

## 三、判断题

| 题号 | 1 | 2 | 3 | 4 | 5 | 6 | 7 |
|------|---|---|---|---|---|---|---|
| 答案 | × | × | √ | √ | √ | × | × |
| 题号 | 8 | 9 | 10 | 11 | 12 | 13 | |
| 答案 | √ | √ | × | √ | × | × | |

## 四、计算分析题

1. 解：

(1) 盈亏临界点的销售量＝16 000/(20－12)＝2 000(件)

(2) 可实现利润＝10 000×2×[20×(1－30％)－12]－16 000＝24 000(元)

2. 解：

目标利润＝(单价－单位变动成本)×预计销量－固定成本,故目标利润的影响因素包括单价、单位变动成本、预计销量和固定成本。

(1) 假设单价、单位变动成本、固定成本都不变

实现目标利润的销售量＝(250 000＋150 000)÷(24－18)≈66 667(件)

故实现目标利润的销售量必须达到 66 667 件。

(2) 假设单价、单位变动成本、预计销量不变

实现目标利润的固定成本＝(24－18)×50 000－250 000＝50 000(元)

故实现目标利润的固定成本必须降到 50 000 元。

（3）假设单位变动成本、固定成本、预计销量不变

实现目标利润的单价＝（250 000＋150 000）÷50 000＋18＝26（元）

故实现目标利润的单价必须提高到 26 元。

（4）假设单价、预计销量、固定成本不变

实现目标利润的单位变动成本＝24－（250 000＋150 000）÷50 000＝16（元）

故实现目标利润的单位变动成本必须降低到 16 元。

3. 解：

（1）甲产品的边际贡献＝1 400×（600－400）＝280 000（元）

乙产品的边际贡献＝1 000×（900－655）＝245 000（元）

丙产品的边际贡献＝1 200×（800－450）＝420 000（元）

边际贡献总额＝280 000＋245 000＋420 000＝945 000（元）

销售收入总额＝1 400×600＋1 000×900＋1 200×800＝2 700 000（元）

加权平均边际贡献率＝945 000/2 700 000＝35％

盈亏临界点销售额＝（400 000＋300 000）/35％＝2 000 000（元）

（2）利润＝945 000－700 000＝245 000（元）

（3）略。

4. 解：

预计目标利润＝（30－20）×100 000－200 000＝800 000（元）

（1）销售量的敏感程度

销售量＝100 000×（1＋10％）＝110 000（件）

利润＝（30－20）×110 000－200 000＝900 000（元）

利润变化百分比＝（900 000－800 000）/800 000＝12.5％

销售量的敏感系数＝12.5％/10％＝1.25

（2）销售单价的敏感程度

单价＝30×（1＋10％）＝33（元）

利润＝（33－20）×100 000－200 000＝1 100 000（元）

利润变化百分比＝（1 100 000－800 000）/800 000＝37.5％

销售单价的敏感系数＝37.5％/10％＝3.75

（3）单位变动成本的敏感程度

单位变动成本＝20×（1＋10％）＝22（元）

利润＝（30－22）×100 000－200 000＝600 000（元）

利润变化百分比＝（600 000－800 000）/800 000＝－25％

单位变动成本的敏感系数＝－25％/10％＝－2.5

（4）固定成本的敏感程度

固定成本＝200 000×（1＋10％）＝220 000（元）

利润＝（30－20）×100 000－220 000＝780 000（元）

利润变化百分比＝（780 000－800 000）/800 000＝－2.5％

固定成本的敏感系数＝－2.5％/10％＝－0.25

5. 解:

(1) 变动成本:$1\,200 \times 60\% = 720$(万元)

固定成本:$1\,200 - 720 - 120 = 360$(万元)

(2) 保本额:$360/(1-60\%) = 900$(万元)

6. 解:

(1) 销售量$= 180\,000/40 = 4\,500$(万件)

单位变动成本$= (160\,000 - 88\,000)/4\,500 = 16$(元)

保本量$= (88\,000 + 3\,200)/(40-16) = 3\,800$(万件)

保本销售额$= 3\,800 \times 40 = 152\,000$(万元)

(2) 目标销售额$= (88\,000 + 3\,200 + 52\,800)/(40-16) \times 40 = 240\,000$(万元)

7. 解:

(1) 2023 年销售量$= 64\,000/20 = 3\,200$(千件)

2023 年销售收入$= 64\,000/40\% = 160\,000$(千元)

单价$= 160\,000/3\,200 = 50$(元)

2023 年固定成本$= 3\,200 \times (50-20) - 36\,000 = 60\,000$(千元)

2024 年保本销售量$= 60\,000/30 = 2\,000$(千件)

(2) 2024 年税前利润$= 50 \times 3\,200 \times (1+8\%) - 20 \times 3\,200 \times (1+8\%) - 60\,000$

$$= 43\,680\text{(千元)}$$

## 五、案例分析题

案例解析:

(1) 成本资料分析如下:

单位变动成本:268 元(材料 188 元,生产工人工资 28 元,变动制造费用 52 元)。

固定成本:141 000 元[固定性制造费用 129 000 元,包括生产管理人员工资 36 000(1 500×2×12)元,技术人员工资 24 000 元,设备租金 45 000 元,车间仓库租金 24 000(2 000×12)元;其他固定性费用 12 000 元]。

单价:368(0.368×1 000)元。

年销售量:日生产能力 12 000(1 000×12)支＜需求量,所以每天利用最大生产能力仍然供不应求,年销售量相当于 3 600(12×300)锅。

保本点＝固定成本/(单价－单位变动成本)＝141 000/(368－268)＝1 410(锅)

因为盈亏临界点 1 410 锅小于年销量 3 600 锅,所以该冰激凌加工厂可以开业。

(2) 预计利润＝(单价－单位变动成本)×销售量－固定成本

$$= (368-268) \times 3\,600 - 141\,000 = 219\,000\text{(元)}$$

(3) 根据上述条件,不能实现年获利 25 万元的利润目标,若想实现,应从以下方面努力。

① 降低单位变动成本。

单位变动成本＝单价－(目标利润＋固定成本)/销售量

$$= 368 - (250\,000 + 141\,000)/3\,600 = 259.39\text{(元)}$$

如果其他条件不变,将单位变动成本降低到 259.39 元(降低成本 8.61 元),就目前的物价和工资水平看,可能会影响产品质量,导致市场销量下降,甚至影响企业形象。该方法不太可行。

② 降低固定成本。

固定成本＝(单价－单位变动成本)×销售量－目标利润

＝(368－268)×3 600－250 000 ＝110 000(元)

如果其他条件不变,将固定成本降低到 110 000 元(降低成本 31 000 元),就目前企业状况来看,该方法不太可行。

③ 扩大销量。从上述调查和分析可以看出,企业产品供不应求,完全可以通过扩大销量增加利润,但是设备生产能力不允许。

④ 提高单价。

单价＝单位变动成本＋(目标利润＋固定成本)/销售量

＝268＋(250 000＋141 000)/3 600＝376.61(元)

其他条件不变,将单价提高到 376.61 元,就目前市场同类产品的价格来看,均低于370 元,如果提价,将影响产品销量。该方法不太可行。

⑤ 扩大规模。从上述分析来看,扩大规模可以实现目标利润。租用设备、雇用人员,就市场需求量来看是可行的,但是资金状况、车间等承租情况还要进一步调查。

## 六、拓展题

答案略。

# 第五章　预测与决策

## 【思维导图】

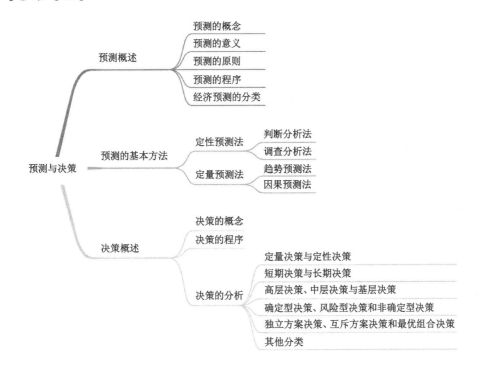

## 【学习指导】

### 一、学习目的与要求

本章的学习目的是使同学们在了解预测分析相关概念的基础上,掌握预测的基本方法及其应用技巧,能够熟练地掌握常见的定性和定量方法组织预测,熟悉决策的概念,预测与决策的关系、程序等。

通过本章的学习,要求同学们了解预测和决策的基本概念、特点、程序、分类及其基本内容;掌握定量和定性两类方法的特征和关系,熟悉相关方法的特点和适用范围。

### 二、学习重点

(1) 了解预测在企业经营管理中的重要地位;

（2）明确预测与决策的相互关系；

（3）掌握不同预测方法在不同情境下的灵活应用。

### 三、学习难点

（1）重视不同的竞争战略、不同的市场环境对预测和决策逻辑的影响；

（2）不同的预测对象的各自发展趋势有其自身的规律性，在进行企业经济活动的预测分析时，要针对不同的预测对象，选择适宜的预测方法灵活应用。

【章节练习】

### 一、单项选择题

1. 运用现代数学方法对历史数据进行科学的加工处理，并建立数学经济模型，揭示各有关变量之间的规律性联系，该预测方法属于（　　）。

    A. 定性分析法　　　　　　　　　B. 加权平均法

    C. 定量分析法　　　　　　　　　D. 回归直线法

2. （　　）与其他各项不属于同一类预测方法。

    A. 专家预测法　　　　　　　　　B. 市场调查法

    C. 因果预测法　　　　　　　　　D. 判断分析法

3. 平滑系数取值越大，则近期实际数对预测结果的影响（　　）。

    A. 越大　　　　　　　　　　　　B. 越小

    C. 不大　　　　　　　　　　　　D. 不明显

4. 下列预测方法中属于定性分析方法的有（　　）。

    A. 算术平均法　　　　　　　　　B. 指数平滑法

    C. 判断分析法　　　　　　　　　D. 回归直线法

5. 采用加权平均法预测销售量，各期权数的给定一般遵循（　　）规律。

    A. 近小远大　　　　　　　　　　B. 近大远小

    C. 各期一致　　　　　　　　　　D. 逐期递增

6. 下列有关趋势预测分析法的说法，正确的有（　　）。

    A. 能消除一些偶然因素的影响

    B. 不需考虑市场需求的变化趋势

    C. 不需考虑产品销售的变动趋势

    D. 适用于销售水平基本稳定的产品预测

7. 下列各种方法中，计算结果精确性最高的为（　　）。

    A. 调查分析法　　　　　　　　　B. 高低点法

    C. 加权平均法　　　　　　　　　D. 回归直线法

8. 以下各种预测方法中，属于没有考虑远近期业务量对未来状况会产生不同影响的方法是（　　）。

    A. 加权平均法　　　　　　　　　B. 指数平滑法

    C. 移动平均法　　　　　　　　　D. 算术平均法

## 二、多项选择题

1. 下列方法中可用于因果预测分析法的有( )。
   A. 本量利分析法
   B. 回归直线法
   C. 投入产出法
   D. 经济计量法

2. 调查分析法必须遵循( )原则。
   A. 选择具有普遍性和代表性的调查对象
   B. 选择简便易行的调查方法
   C. 对调查数据进行科学的分析
   D. 运用复杂的数学模型

3. 因果预测分析法可适用于( )。
   A. 销售预测
   B. 利润预测
   C. 成本预测
   D. 资金需要量预测

4. 市场调查的具体内容包括( )。
   A. 对产品生命周期阶段进行调查
   B. 对消费者进行调查
   C. 对竞争产品进行调查
   D. 对企业经营环境进行调查

5. 下列有关算术平均法的说法,正确的有( )。
   A. 能消除一些偶然因素的影响
   B. 不需考虑市场需求的变化趋势
   C. 不需考虑产品销售变动趋势
   D. 适用于销售水平基本稳定的产品销售预测

6. 下列各项有关预测分析的说法,正确的有( )。
   A. 根据过去和现在预计未来
   B. 根据已知推测未知
   C. 根据过去预测现在
   D. 根据现在推测过去

7. 下列预测方法中属于定量分析方法的有( )。
   A. 回归直线法
   B. 调查分析法
   C. 经验分析法
   D. 加权平均法

8. 下列各项目中属于预测分析基本程序的有( )。
   A. 确定预测目标
   B. 收集有关信息
   C. 选择预测方法
   D. 提出预测报告

9. 下列各种方法可用于预测未来销售量的是( )。
   A. 算术平均法
   B. 加权平均法
   C. 指数平滑法
   D. 回归直线法

10. 当预测销售量为比较平稳的产品销量时,下列预测方法中比较好的是( )。
    A. 算术平均法
    B. 因果预测分析法
    C. 移动平均法
    D. 判断分析法

11. 下列关于成本变动趋势预测的方法,说法不正确的是( )。
    A. 高低点法由于仅用了个别成本资料,所以难以精确反映成本变动的趋势
    B. 线性回归分析法分为一元线性回归分析法和多元线性回归分析法

C. 线性回归分析法运用了最小二乘法的原理

D. 线性回归分析法的相关系数 $r$ 的绝对值越接近 1,表明两个变量的线性关系越不明显

E. 线性回归分析法和直线趋势法的原理不相同

## 三、判断题

1. 使用德尔菲法,不需要进行连续性长期观察,一般适用于短期预测。　　　（　）

2. 在用算术平均法预测某产品未来期间内的销售量时,其假设前提是未来的发展是过去某段时期历史的延续。　　　（　）

3. 根据实际历史数值与预测值的相关程度分别规定不同的权数是运用加权平均预测法预测销售量的关键。　　　（　）

4. 在运用指数平滑法预测销售量的过程中,平滑系数 $\alpha$ 的取值可以大于 1。　（　）

5. 如果指数平滑系数的取值越小,则近期的实际销售量对预测销售量的影响也越小;反之,则影响越大。　　　（　）

6. 在进行产品销量预测时,指数曲线趋势法不适用于销售量大致按比率变动的情况。　　　（　）

7. 在用线性回归分析法进行成本预测时,相关系数 $r$ 的绝对值越接近 1,表明成本与产量的线性关系越密切。　　　（　）

## 四、简答题

1. 什么是预测分析?预测分析有哪些常用的方法?

2. 实践中应将定量预测分析法与定性预测分析法结合起来应用吗?为什么?

3. 什么是指数平滑法?平滑系数大小对预测结果有何影响?

## 五、计算分析题

资料:某公司 202 * 年上半年 6 个月的实际销售收入情况如表 5-1 所示。

表 5-1　某公司 202 * 年上半年的实际销售情况

| 月份 | 1 | 2 | 3 | 4 | 5 | 6 |
|---|---|---|---|---|---|---|
| 实际销售额(万元) | 24 000 | 23 600 | 28 000 | 25 400 | 26 000 | 27 000 |

又知 6 月份的预测销售收入为 27 900 万元。

要求:分别采用以下方法预测 202 * 年 7 月份销售额。

(1)算术平均法;

(2)加权平均法(设 $W_1=0.01;W_2=0.04;W_3=0.08;W_4=0.12;W_5=0.25;W_6=0.5$);

(3)指数平滑法(假定平滑系数 $\alpha=0.6$);

(4)回归直线法。

## 六、案例分析题

**案例一:A 科技公司的利润预测**

A 科技公司只生产蓝牙耳机一种产品,该公司是 2009 年成立的高新技术公司,成立以来,一直遵循科技和质量并抓的思路,销售量呈逐年上升的良好势头,加上 2023 年国内蓝牙耳机市场非常好,A 科技公司实现销售量 10 000 个。产品的市场单价为每个 200 元,生产的单位变动成本为 150 元,固定成本为 400 000 元。

2023 年年底,A 科技公司开始预测 2024 年该公司的利润情况,以便为下一步的生产经营做好准备。经过讨论,公司财务总监决定按同行业先进的资金利润率预测 2024 年该公司的目标利润基数,并且通过行业的一些基础资料得知行业内先进的资金利润率为 20%,预计公司的资金占有额为 600 000 元。

假如你是 A 科技公司外聘的财务顾问,请你利用敏感性系数指标进行测算,并给出你的咨询方案,即企业若要实现目标利润,应该采取哪些单项措施?

**案例二:慧聪集团等企业预测新韬略**

纯粹的财务预测已不复存在,取而代之的是以企业驱动因素为基础的预测方式(以下简称动因预测)。预测不仅仅是对预算做微调,领先的财务主管们正把目光投向企业最关键的 10～15 个驱动因素,如市场份额、竞争定价和产品类别等,根据上述驱动因素的变化,对企业的发展做出全面的预测。

设计恰当的话,动因预测能确定每多销售一件产品所带来的成本及收益情况,使这种预测方式与财务趋势分析有所不同,而且可以解释为什么预测数字可能与原先的计算有偏差。

慧聪集团的执行董事亚克森是 CEO。他说:"我们要从物质性和易变性两个方面看预测。在快速成长的小企业中,预测更为关键,因为企业的迅猛发展可能会超出其能力的承受限度。比如说,订单源源涌来,但企业基础设施是否到位,能否支持你满足这种需求?简而言之,预测是帮助企业控制易变性的工具。"

如果按老路子走,预测可能是一件让人绞尽脑汁的烦琐事。据慧聪集团下属企业——咨询公司哈克特集团(Hackett Group)估计,一般预测需 21 天才能完成。也就是说,每次预测完成时,就延迟了将近一个月。此外,对一年后的事情进行预测,其准确性远逊于对一周或一个月后事情的预测。

**(一) 抓住中心**

德士古公司(TEXACO Inc.)具备看清其战略单位现状的能力,主动选择推行其现有预测系统。它把公司的战略单位维系在一个两年计划中。

德士古公司通过将战略经营单位独立出来,改善了资本支出的分配方式。这对资金密集型企业异常关键。瓦基说:"过去,一桶油价格下跌 3 美元时,我们只好通过所谓共同承担法,大量削减资本支出。我们往各部门打电话,询问他们可以削减多少资本支出。现在如果要削减支出,我们只需了解哪个项目可以削减支出,削减多少,根本不用考虑这个经营单位究竟在世界的哪个角落。"

爱德华公司(J.D. EDWARDS)是一家软件公司,它在开发企业商用软件方面处于世领先地位,目前正对其预测流程进行重大重组。该公司最关键的一个改进举措是将预算和预测流程与公司战略相联系。这一重组项目源于以下启示:财务部门80%的时间用于处理发票付款和记录账簿,只剩下20%的时间进行增值活动来帮助进行一流的预测。

财务报表、预算及预测总监埃文斯说:"我们马上找出一些改进机会,其一便是实行方便用户、可集成实际数据的预测模式。"

爱德华公司实行的是6季度循环预测,重在考察关键的业务驱动因素。尽早了解预测结果,加快确定目标的过程,这是实现企业目标的一个关键因素。

埃文斯说道:"我们有4 000多名员工,队伍还在不断壮大。在这种环境下,公司要将目光紧盯在发展方向上是很困难的。6季度循环预测的一大益处是,将决策支持者的时间解放出来,使他们能够真正关心公司的发展方向。"

(二)经验法则

跟所有的流程重组项目一样,推行新的预测方式也会碰上一些潜藏的陷阱,企业了解其关键的业务驱动因素及业绩表现最为关键。

管理咨询公司(Management Consultants Ltd.)的合伙人何陶说:"一个企业组织成长迅速时,很难意识到其生产能力不足以维持高速增长。企业往往只盯着高收益、高净利,因一叶障目而看不到整体,所以常常迷失方向。"

何陶建议企业重组预测流程时,应做两件事:一是对预测模式中的假定前提进行检验和了解;二是推行系统一体化计划时多一些谨慎。何陶观察道:"如今找个现成模式修正一下太容易了,但从根本上质疑模式中的假定前提可就难多了。就系统一体化而言,你所冒的风险是,重蹈覆辙的速度更快,并且会将这些错误带入你的决策模式中。因此,除非已采取保障措施,否则你会把自己未曾意识到的问题复杂化。"

贵恩合伙公司(Gunn Partners)是一家全球性顾问公司,其驻瑞典顾问格里高里认为,企业不应任凭自己让电脑生成的预测信息淹没:"你可不能受电脑信息的役使,使你对自己已掌握的信息充耳不闻,如竞争对手的行动等。否则,一旦发生不可测的事情,就可能对你产生巨大冲击,也许你都难以做出反应。"

不管你的企业经营何种业务,做预测的一条经验法则是,预测的详细程度应与要做预测的时间长短相适应。格里高里说:"我所看到的一大障碍是,人们努力做出最详尽的预测,他们也以这种方式预测18个月以后的情况。要做出预测的时间段越长,就越难做出详尽的预测。"

要求:通过本案例的分析,你认为哈克特集团进行前景预测时的最好做法是什么?

(资料来源:https://news.12reads.cn/31160.html.)

## 七、拓展题

结合本章思政元素,请编写一则相关案例或者撰写一篇相关小论文,字数不少于300字。

## 【参考答案】

### 一、单项选择题

| 题号 | 1 | 2 | 3 | 4 | 5 | 6 | 7 | 8 |
|------|---|---|---|---|---|---|---|---|
| 答案 | C | C | A | C | B | D | D | D |

### 二、多项选择题

| 题号 | 1 | 2 | 3 | 4 | 5 | 6 |
|------|------|-----|------|------|-----|-----|
| 答案 | ABCD | ABC | ABCD | ABCD | BCD | AB |
| 题号 | 7 | 8 | 9 | 10 | 11 | |
| 答案 | AD | ABCD | ABCD | AC | DE | |

### 三、判断题

| 题号 | 1 | 2 | 3 | 4 | 5 | 6 | 7 |
|------|---|---|---|---|---|---|---|
| 答案 | × | √ | √ | × | √ | × | √ |

### 四、简答题

1. 答:预测是指通过已知事件去推测未知事件,根据历史信息推测未来信息。具体地说,是根据历史资料和现在的信息,运用一定的科学预测方法,对未来经济活动可能产生的经济效益和发展趋势做出科学预计和推测的过程。

预测分析方法可归纳为定性预测分析法和定量预测分析法两类。定性预测分析法又称定性分析法或非数量分析法,它主要是依靠预测人员丰富的实践经验和知识以及主观的分析判断能力,在考虑政治经济形式、市场变化、经济政策、消费倾向等各项因素对经营影响的前提下,对事物的性质和发展趋势进行预测和推测的分析方法。比较常见的定性预测分析法有判断分析法和市场调查法等。定量预测分析法又称数量分析法,主要是指根据已有的比较完备的资料,运用一定的数字方法进行科学的加工处理,借以充分揭示有关变量之间的规律性联系,作为预测依据的分析方法。数量分析法可大致分为两类:趋势预测法和因果预测法。前者包括算术平均法、移动平均法、加权平均法及指数平滑法等,后者包括本量利分析模型、回归直线法、投入产出法和经济计量法等。

2. 答:定量预测分析法和定性预测分析法并非相互排斥,而是相互补充,相辅相成。定量预测分析法虽然较精确,但许多非计量因素无法考虑,如国家政策以及政治经济形势的变动、消费者心理以及习惯的改变、投资者的意向以及竞争对手的动态等。定性预测分析法虽然可以将这些非计量因素考虑进去,但估计的准确性在很大程度上受预测人员经验和素质的影响,不免使预测结论因人而异,带有一定的主观随意性。因此,实际工作中预测人员应根据具体情况,把这两类方法结合起来应用,相互取长补短,以提高预测结论的可信性。

3. 答:指数平滑法是以平滑系数以及(1-平滑系数)分别作为前期实际观测值和预测值的权数,计算出两者的加权平均数,作为计划期销售预测值的预测方法用指数平滑法进行销售预测时,平滑系数通常由预测者根据销售实际数与预测值之间的差异大小确定,平滑系数取值越大,则近期实际数对预测结果的影响越大;平滑系数取值越小,则近期实际数对预测结果的影响越小。所以,若想使预测平均值能反映观测值的长期变化趋势,可选用较小的平滑系数;若想使预测平均值能反映观测值的近期变化趋势,则可选用较大的平滑系数。

## 五、计算分析题

解:

(1) 算术平均法

$x = (24\,000 + 23\,600 + 28\,000 + 25\,400 + 26\,000 + 27\,000)/6 = 25\,667(万元)$

(2) 加权平均法

第一季度平均销售额 = $(24\,000 + 23\,600 + 28\,000)/3 = 25\,200(万元)$

第二季度平均销售额 = $(25\,400 + 26\,000 + 27\,000)/3 = 26\,133(万元)$

平均每月销售变动趋势 = $(26\,133 - 25\,200)/3 = 311(万元)$

7 月份预计销售额

$$y_7 = \sum_{i=1}^{6}(x_i W_i) = (24\,000 \times 0.01 + 23\,600 \times 0.04 + 28\,000 \times 0.08 + 25\,400 \times 0.12 + 26\,000 \times 0.25 + 27\,000 \times 0.5) = 26\,472(万元)$$

(3) 指数平滑法

$$y_7 = \alpha A + (1-\alpha)F = 0.6 \times 27\,000 + (1-0.6) \times 27\,900 = 27\,360(万元)$$

(4) 回归直线法

① 根据1—6月的实际资料,计算结果如表 5-2 所示。

表 5-2　回归直线法计算结果

| 月份 | 间隔期($x$) | 销售额($y$) | $xy$ | $x^2$ |
|---|---|---|---|---|
| 1 | -5 | 24 000 | -120 000 | 25 |
| 2 | -3 | 23 600 | -70 800 | 9 |
| 3 | -1 | 28 000 | -28 000 | 1 |
| 4 | 1 | 25 400 | 25 400 | 1 |
| 5 | 3 | 26 000 | 78 000 | 9 |
| 6 | 5 | 27 000 | 135 000 | 25 |
| $N=6$ | $\sum x = 0$ | $\sum y = 154\,000$ | $\sum xy = 19\,600$ | $\sum x^2 = 70$ |

② 求 $a$ 和 $b$ 的值：

$$a = \frac{\sum y}{n} = \frac{154\,000}{6} = 25\,666.67$$

$$b = \frac{\sum xy}{\sum x^2} = \frac{19\,600}{70} = 280$$

③ 依据公式 $y = a + bx$ 预测 7 月份的销售额：

$$y_7 = 25\,666.67 + 280 \times 7 = 27\,626.67(万元)$$

## 六、案例分析题

案例一解析：

（1）2024 年目标利润基数为 120 000 元。

（2）分别计算单价、单位变动成本、销售量和固定成本应如何变化，才能令 2024 年实现目标利润。进而计算单价、单位变动成本、销售量和固定成本的敏感性系数分别为 20、−15、5、−4。

（3）采取如下任一措施均可实现目标利润：单价提升 1%，单位变动成本下降 1.33%，销售量上升 4%，或者固定成本下降 5%。

案例二解析：

（1）建立预测流程。完成预算业绩目标的过程中潜藏着风险或机遇，预测流程可以对此提供早期警示。有效的预测能让你知道在企业经营中会遇到的各种具体问题。即使企业发展稍有偏轨，有效预测也会提醒你立即采取行动，否则财务年度结束时会出现不小的漏洞。只有例外或预测结果与原计划偏差过大时，才能准备和提交修正预测。亚克森说："除非发生了实质性事件，否则做预测毫无意义。"

企业也许在一定时间内只对部分产品项目做出预测。如果你所预测的产品项目 80% 毫无变化，就没有必要重新预测。

（2）将预测分析及其上报的要求集中到为实现预算对计划进行的策略调整上。不要一味强调预测的财务结果，应重在相关的变量。如果预测揭示出质量问题，应考虑采取什么措施并权衡各种选择。亚克森说："应让预测结果更具可操作性。如今，许多公司的预测仅仅停留在揭示问题上。如果预测能告诉你出了问题、出问题的原因及应注意哪些变量才能解决问题，那预测就价值不菲了。"

（3）将预测系统与预算结果及实际结果结合起来。通常预测系统是自成一体的电子表格，需要大量可能会出错的内容重新输入。个别分析人员可能已建立了预测系统，也许并不知道这些系统是否准确。亚克森说道："你的计划是你原以为要做的事，但实际上你要的是现在要做什么。预测就是大致解释两者的不同。"

应确保在预测自动化处理过程中使用统一工具。一致性和简单化是良好预测流程的标志。但是，如果各经营单位不采用统一的架构和系统，预测过程就会变得复杂起来。亚克森警告说，如果对此疏忽，"光是分析所有数据，就会占用大量时间"。

（4）使用具有多种"假设"场景的建模工具，开展灵敏度分析。坚持建模工具要使用多种"假设"场景。比如，你想知道市场持续以 5% 的速度增长时的预测结果，如果本年度其余月份增长速度降至 3%,你应能看出其中的不同。

(5) 确保各层面的用户能够以电子方式获取和提交数据。这种最佳做法重在系统一体化。例如,地区销售人员要能在网上做出其销售预测,并以电子方式呈交给上级。

预测现在愈加不是财务活动,它更像是战略规划的一部分。财务部门的所有人员都应努力深入了解企业的关键驱动因素。从这点来讲,预测可用于确定关键的经营战略是否正在贯彻实施中,以及需要做何调整。

## 七、拓展题

答案略。

# 第六章　短期经营决策

## 【思维导图】

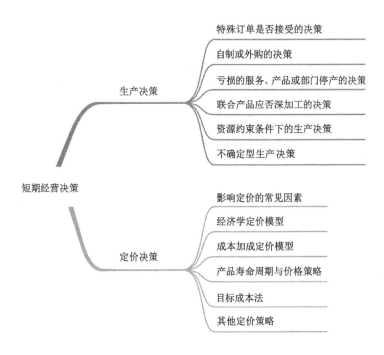

## 【学习指导】

### 一、学习目的和要求

本章的学习目的是帮助同学们在对变动成本法和本量利分析的基本概念及基本方法有了一定理解的基础上,结合短期经营的相关内容,进一步深入理解并掌握相关概念和方法在短期经营决策中的应用。

通过本章的学习,同学们应熟悉短期经营决策的类型和必须考虑的各种相关因素;理解并掌握特殊订单是否接受的决策,自制或外购的决策,亏损的服务、产品或部门停产的决策,联产品应否深加工的决策,资源约束条件下的生产决策以及不确定型生产决策等典型生产决策的思路与方法;理解影响定价的常见因素和经济学定价模型,理解并掌握成本加成定价模型、产品寿命周期与价格策略、目标成本法等典型定价决策的思路与方法。

## 二、学习重点

（1）了解和掌握特殊订单是否接受的决策，自制或外购的决策，亏损的服务、产品或部门停产的决策，联产品应否深加工的决策，资源约束条件下的生产决策等典型生产决策的思路与方法。

（2）理解影响定价的常见因素和经济学定价模型的一般原理，了解和掌握成本加成定价模型、目标成本法等典型定价方法。

## 三、学习难点

（1）短期经营决策中，决策问题的识别与分类；

（2）短期经营决策中，决策相关信息与无关信息的分辨，与决策思路的梳理；

（3）循序渐进掌握多种概念和方法在不同的决策问题中的灵活运用，要注意培养分析判断的能力。

【章节练习】

## 一、单项选择题

1. 在管理会计中，将决策分析划分为短期决策与长期决策，所依据的分类标志是（    ）。

A. 决策的重要程度　　　　　　　　　　B. 决策条件的肯定程度

C. 决策规划时期的长短　　　　　　　　D. 决策解决的问题

2. 根据管理会计的理论，短期经营决策分析的目标是（    ）。

A. 实现企业目标利润　　　　　　　　　B. 实现企业目标销售量

C. 实现企业目标成本　　　　　　　　　D. 以上均有可能

3. 在管理会计中，单一方案决策又称为（    ）。

A. 接受或拒绝方案决策　　　　　　　　B. 互斥方案决策

C. 排队方案决策　　　　　　　　　　　D. 组合方案决策

4. 下列各项中，半成品是否深加工的决策属于（    ）。

A. 接受或拒绝方案决策　　　　　　　　B. 互斥方案决策

C. 排队方案决策　　　　　　　　　　　D. 组合方案决策

5. 下列决策方法中，能够直接揭示中选方案比放弃的方案多获得的利润或少发生损失的是（    ）。

A. 单位资源边际贡献分析法　　　　　　B. 本量利分析法

C. 差量分析法　　　　　　　　　　　　D. 边际贡献分析法

6. 在管理会计的生产经营决策中，如果相关成本中涉及专属固定成本，同时有三个以上备选方案，则下列指标中最应当考虑的是（    ）。

A. 单位资源边际贡献　　　　　　　　　B. 销售收入

C. 边际贡献　　　　　　　　　　　　　D. 剩余边际贡献

7. 是否接受特殊订单决策的类型属于（    ）。

A. 生产品种决策　　　　　　　　　　　B. 生产组织决策

C. 产品定价决策　　　　　　　　　　D. 风险型生产决策

8. 在如何运用剩余生产能力的决策中,如果备选方案不涉及追加专属成本,则下列方法中最应当选用的是(　　)。

A. 单位资源边际贡献分析法　　　　　B. 本量利分析法

C. 差量分析法　　　　　　　　　　　D. 边际贡献分析法

9. 在自制或外购的决策中,如果相关产品或服务的需用量尚不确定,应当采用的决策方法是(　　)。

A. 单位资源边际贡献分析法　　　　　B. 本量利分析法

C. 差量分析法　　　　　　　　　　　D. 边际贡献分析法

10. 某企业常年生产需用的某部件以前一直从市场上采购,单价为 8 元,预计明年单价将降为 7 元。如果明年企业追加投入 12 000 元专属成本就可以自行制造该部件,预计单位变动成本为 5 元,则外购与自制方案的成本无差别点业务量为(　　)件。

A. 12 000　　　　　　　　　　　　　B. 6 000

C. 4 000　　　　　　　　　　　　　　D. 1 400

11. 客户需求是影响定价的常见因素之一,下列不受到客户影响的环节是(　　)。

A. 产品或服务的设计成本　　　　　　B. 客户对价格的接收能力

C. 对竞争对手进行定期调查　　　　　D. 客户对企业的数据反馈

12. 下列各项中,属于管理会计定价决策分析范围的是(　　)。

A. 企业是价格的接受者　　　　　　　B. 完全自由竞争价格

C. 企业在制定价格方面有一定灵活性　D. 所有产品的价格

13. 在成本加成定价法中,以下哪个指标通常不可以选作成本加成率(　　)。

A. 变动成本加成率　　　　　　　　　B. 固定成本加成率

C. 总成本加成率　　　　　　　　　　D. 生产成本加成率

14. 根据产品寿命周期理论,企业进行最优售价决策时,对于那些同类竞争产品差异性较大、能满足较大市场需要、弹性小、不易仿制的新产品最好采用(　　)。

A. 撇脂策略　　　　　　　　　　　　B. 渗透策略

C. 弹性定价策略　　　　　　　　　　D. 先低后高策略

15. 根据经济学定价模型的基本原理,企业在进行最优售价决策时,下列各项中应当优先采用的方法是(　　)。

A. 成本加成法　　　　　　　　　　　B. 弹性定价法

C. 生命周期法　　　　　　　　　　　D. 边际成本法

16. 某产品按每件 10 元的价格出售时,可获得 8 000 元边际贡献,边际贡献率为 20%,企业最大生产能力为 10 000 件;将价格调低为 9 元时,预计可实现销量 9 000 件,则调价前后的利润无差别点业务量为(　　)件。

A. 9 000　　　　　　　　　　　　　　B. 8 000

C. 6 000　　　　　　　　　　　　　　D. 4 000

17. 接受某项特殊订货的基本条件是有关产品的客户单价首先必须(　　)。

A. 等于该产品单位成本　　　　　　　B. 大于该产品单位成本

C. 大于该产品单位变动成本　　　　　D. 小于该产品单位变动成本

18. 因接受特殊订货、压缩或削减现有产销规模而必须考虑的机会成本的具体内容是（　　）。

A. 减少的销售收入　　　　　　　　　B. 增加的变动成本

C. 减少的边际贡献　　　　　　　　　D. 增加的边际成本

19. 倘若采用变动成本加成定价法，某种产品按此法确定的价格实现销售后能提供（　　）。

A. 边际收入　　　　　　　　　　　　B. 边际贡献

C. 边际利润　　　　　　　　　　　　D. 净利润

20. 已经发生亏损的某种产品是否应当转产的决策依据是转产后的产品能否提供（　　）。

A. 边际贡献　　　　　　　　　　　　B. 净利润

C. 增量边际贡献　　　　　　　　　　D. 增量利润

21. 根据价格弹性来判断，产品应否降价促销的基本决策依据是此种产品的价格是否（　　）。

A. 富有弹性　　　　　　　　　　　　B. 缺乏弹性

C. 超过竞争对手　　　　　　　　　　D. 受到政策约束

22. 当某种产品的产销数量处于最佳点时，其所能获得的（　　）。

A. 利润总额最多　　　　　　　　　　B. 成本总额最低

C. 销售收入最大　　　　　　　　　　D. 边际成本最小

23. 撇脂策略是（　　）阶段的价格策略。

A. 投入期　　　　　　　　　　　　　B. 成长期

C. 成熟期　　　　　　　　　　　　　D. 衰退期

24. 面对不确定型生产决策，管理者常用的量化分析不包括（　　）。

A. 敏感性分析　　　　　　　　　　　B. 期望值法

C. 统计分析　　　　　　　　　　　　D. 心理建设

25. （　　）鼓励购买者在商品淡季采购，减轻企业的仓储压力，又加速了企业资金周转，充分发挥企业的生产能力。

A. 数量折扣　　　　　　　　　　　　B. 现金折扣

C. 交易折扣　　　　　　　　　　　　D. 季节性折扣

## 二、多项选择题

1. 下列各项中，属于生产决策的有（　　）。

A. 亏损产品是否停产的决策　　　　　B. 半成品应否深加工的决策

C. 生产工艺选择的决策　　　　　　　D. 最优售价的决策

2. 下列各项中，属于生产经营决策方法的有（　　）。

A. 差量分析法　　　　　　　　　　　B. 本量利分析法

C. 边际贡献分析法　　　　　　　　　D. 线性规划法

E. 期望值法

3. 在现有生产经营能力条件下选择最佳产品生产对象，不必考虑（　　）。

A. 约束性固定成本　　　　　　　　　　B. 酌量性固定成本

C. 固定资产折旧费　　　　　　　　　　D. 管理人员基本工资

E. 产品销售广告费

4. 下列各项中,属于生产决策内容的有(　　)。

A. 新产品开发的品种选择　　　　　　　B. 是否增产老产品的决策

C. 亏损产品停产或转产的选择　　　　　D. 产品最优组合的选择

E. 自制或外购决策

5. 下列哪些决策可以归为资源约束条件下的生产决策(　　)。

A. 剩余生产能力的充分运用　　　　　　B. 互斥生产品种的选择

C. 外包(分包)全部或部分的瓶颈操作　　D. 产品最优组合的选择

E. 投资额外的生产设备,采用多个生产单元同时进行同一生产操作

6. 下列各项中,属于联合产品深加工决策可能要考虑的相关成本有(　　)。

A. 联合加工成本　　　　　　　　　　　B. 深加工成本

C. 机会成本　　　　　　　　　　　　　D. 增量成本

E. 专属成本

7. 在是否接受低价追加订货的决策中,如果发生了追加订货冲击正常任务的现象,就意味着(　　)。

A. 会因此带来机会成本　　　　　　　　B. 追加订货量大于正产订货量

C. 追加订货量大于剩余生产能力

D. 因追加订货有特殊要求必须追加专属成本

E. 不可能完全利用其剩余生产能力来组织追加订货的生产

8. 下列各种决策分析中,可按本量利的相关方法做出决策结论的有(　　)。

A. 亏损产品的决策　　　　　　　　　　B. 是否增产的决策

C. 追加订货的决策　　　　　　　　　　D. 自制或外购的决策

E. 生产工艺技术方案的决策

9. 下列各项中,属于定价决策方法的有(　　)。

A. 成本加成定价法　　　　　　　　　　B. 弹性定价法

C. 边际成本定价法　　　　　　　　　　D. 目标成本法

E. 产品寿命周期的阶段价格策略

10. 下列各项中,属于以成本为导向的定价方法有(　　)。

A. 完全成本加成定价法　　　　　　　　B. 目标成本法

C. 变动成本加成定价法　　　　　　　　D. 边际成本定价法

E. 利润无差别点法

11. 下列各项中,属于心理价格策略的是(　　)。

A. 尾数定价　　　　　　　　　　　　　B. 整数定价

C. 声望定价　　　　　　　　　　　　　D. 心理折扣定价

E. 习惯性定价

12. 一般来讲,影响定价的常见因素应该包括(　　)。

A. 市场竞争　　　　　　　　　　　　　B. 客户需求

C. 产品成本                          D. 环境考虑

E. 公众形象

13. 如果某种商品在特定时期内的价格弹性大,则意味着有以下关系存在,即(　　)。

A. 价格上升的幅度会低于需求下降的幅度

B. 价格下降会促使需求大大提高

C. 价格弹性的绝对值大于 1

D. 价格弹性的绝对值小于 1

E. 价格弹性的绝对值等于 1

14. 在考虑将剩余生产能力用于增加哪种产品的决策问题上,相关信息包括(　　)。

A. 单位产品标准生产能力耗用量      B. 单位产品边际贡献额

C. 单位生产能力边际贡献额          D. 单位产品销售利润率

15. 判断应将现有生产能力优先用于增加何种产品的产量的标准是(　　)。

A. 单位产品边际贡献数额的多少      B. 产品边际贡献率的高低

C. 产品剩余边际贡献总额的多少      D. 产品预期利润总额的多少

16. 自制或外购的差别成本,在无须增加专用固定设备的情况下,包括(　　)。

A. 直接材料                        B. 直接人工

C. 变动制造费用                    D. 固定成本

E. 机会成本

17. 某企业在同样固定成本的条件下,可生产甲产品或者生产乙产品,但两种产品不能同时生产,假设产销情况如表 6-1 所示:

表 6-1　某企业产销情况

| 项目 | 甲产品 | 乙产品 |
| --- | --- | --- |
| 产销量(万件) | 5 | 7 |
| 售价(元/件) | 12 | 12 |
| 单位变动成本(元/件) | 4 | 7 |
| 单位贡献毛益(元/件) | 8 | 5 |
| 变动成本总额(万元) | 20 | 49 |

如果要选择生产甲产品而放弃生产乙产品,则(　　)。

A. 机会成本为 35 万元              B. 机会成本为 40 万元

C. 生产甲产品的方案优              D. 生产乙产品的方案优

18. 当亏损产品的生产能力无法转移时,其不停产的条件包括(　　)。

A. 该亏损产品的变动成本率大于 1    B. 该亏损产品的贡献毛益率大于零

C. 该亏损产品的剩余贡献毛益大于零  D. 该亏损产品的变动成本率小于 1

## 三、判断题

1. 在生产经营决策中,管理者必须通盘考虑生产经营能力、相关业务量、相关收入和相关成本等因素。　　　　　　　　　　　　　　　　　　　　　　　　　(　　)

2. 对于那些应当停止生产的亏损产品来说,不存在是否应当增产的问题。    （    ）

3. 按照管理会计的理论,即使追加订货的价格低于正常订货的单位完全成本,也不能轻易做出拒绝接受该项订货的决定。    （    ）

4. 在有关业务量不确定的情况下,可以利用成本无差别点法进行零部件自制或外购的决策。    （    ）

5. 因为企业采用先进的生产工艺技术,可以提高劳动生产率,降低劳动强度,减少材料耗材,可能导致较低的单位变动成本,所以在不同生产工艺技术方案的决策中,应选择先进的生产工艺技术方案。    （    ）

6. 弹性定价法是一种间接预测方法,它通过弹性系数对另一个因素的发展变化做出预测。    （    ）

7. 敏感性分析可以帮助管理者探究决策过程中不确定参数的变化范围及其影响。    （    ）

8. 成本加成法和目标成本法都属于以成本为导向的定价方法。    （    ）

9. 当边际收入等于边际成本,边际利润为零时,并不意味着可找到最优售价,而仅仅表明继续降价已经没有意义。    （    ）

10. 追求最大利润是企业唯一的定价目标。    （    ）

11. "薄利多销"是市场经济的一般原则,不受商品价格弹性大小的制约。    （    ）

12. 亏损产品所能提供的剩余边际贡献,同停止生产此种产品相比较,使企业利润降低额是等值的。    （    ）

13. 单位产品边际贡献和单位产品需要的经济资源在短期经营决策中的应用范围与单位经济资源边际贡献是一样的。    （    ）

14. 利用剩余生产能力所创造（获得）的边际贡献在数量上等于这部分生产能力所提供的利润。    （    ）

15. 能否提供增量利润可以作为判定半成品或在产品应否进行进一步加工的依据。    （    ）

16. 能否获得边际贡献是判定经营亏损产品应否继续生产的依据。    （    ）

17. 一般而言,某种产品的边际成本小于边际收入,其产销量宜进一步增加。    （    ）

18. 在现有生产能力条件下选择最佳产品生产对象,既要比较有关备选方案的边际贡献,又要比较有关备选方案的专属成本和机会成本。    （    ）

19. 剩余生产能力最佳利用决策的关键依据是单位产品边际贡献。    （    ）

20. 不考虑机会成本的前提下,接受追加订货的决策分析,可以其形成的贡献毛益补偿其专属成本后是否还有余额而定,如有余额方可接受订货,否则不能接受订货。    （    ）

## 四、计算分析题

1. 已知:某企业只生产一种产品,全年最大生产能力为 1 200 件,年初已按 100 元/件的价格接受正常任务 1 000 件。此时,该产品的单位完全生产成本为 80 元,固定生产成本为 25 000 元。现有一客户要求以 70 元/件的价格追加订货。

要求:计算该产品的单位固定生产成本和单位变动成本,并考虑以下不相关的情况,用指定的方法为企业做出是否接受低价追加订货的决策,同时说明理由。

(1) 剩余能力无法转移,追加订货量为 200 件,不追加专属成本,判断能否利用直接分析法做出是否接受低价订货的决策,如果可以,请做出决策。

(2) 剩余能力无法转移,追加订货量为 200 件,但因有特殊要求,企业需追加 1 000 元专属成本,利用差别损益分析法做出是否接受低价追加订货的决策。

(3) 同(1),但剩余能力可用于对外出租,可获租金收入 5 000 元,利用差别损益分析法做出是否接受低价追加订货的决策。

(4) 剩余能力无法转移,追加订货量为 300 件;因有特殊要求,企业需追加 500 元专属成本,利用差别损益分析法做出是否接受低价追加订货的决策。

2. 已知:某企业尚有一定闲置设备台时,拟用于开发一种新产品,现有 A、B 两个品种可供选择。A 品种的单价为 100 元,单位变动成本为 60 元,单位产品台时消耗定额为 2 小时;B 品种的单价为 120 元,单位变动成本为 40 元,单位台时消耗定额为 8 小时。

要求:利用单位资源边际贡献法做出开发哪个品种的决策,并说明理由。

3. 已知:某企业每年生产 1 000 件甲半成品。其单位完全生产成本为 18 元(其中,单位固定性制造费用为 2 元),直接出售的价格为 20 元/件。企业目前已具备将 80% 的甲半成品深加工为乙产成品的能力。但每深加工一件甲半成品需要追加 5 元变动性加工成本。乙产成品的单价为 30 元。假定乙产成品的废品率为 1%。

要求:请考虑以下不相关的情况,用差别损益法为企业做出是否深加工甲半成品的决策,并说明理由。

(1) 深加工能力无法转移;

(2) 深加工能力可用于承揽零星加工业务,预计可获得边际贡献 4 000 元;

(3) 同(1),如果追加投入 4 500 元专属成本,可使深加工能力达到 100%,并使废品率降低为零。

4. 已知:某企业每年需用 A 零件 2 000 件,原由金工车间组织生产,年总成本为 19 000 元(其中,固定生产成本为 7 000 元)。如果改从市场上采购,单价为 8 元,同时将剩余生产能力用于加工 B 零件,可节约采购成本 2 000 元。

要求:利用相关成本分析法为企业做出自制或外购 A 零件的决策,并说明理由。

5. 已知:某企业常年生产需用的 B 部件以前一直从市场上采购。已知采购量在 5 000 件以下时,单价为 8 元;达到或超过 5 000 件时,单价在 7 元。如果追加投入 12 000 元专属成本,就可以自行制造该部件,预计单位变动成本为 5 元。

要求:利用成本无差别点法为企业做出自制或外购 B 部件的决策,并说明理由。

6. 已知:某产品按每件 10 元的价格出售时,可获得 8 000 元边际贡献,边际贡献率为 20%,企业最大生产能力为 7 000 件。

要求:根据以下不相关条件做出是否调价的决策。

(1) 将价格调低为 9 元/件时,预计可实现销售 9 000 件;

(2) 将价格调高为 12 元/件时,预计可实现销售 3 000 件,相对剩余能力无法转移。

7. 某企业产销 A、B、C 三种产品,预计年销售量为 50 000 件,固定成本总额为 18 000 元,其他有关资料如表 6-2 所示:

表 6-2　有关资料

| 项目 | A 产品 | B 产品 | C 产品 |
|---|---|---|---|
| 销售量（件） | 1 000 | 500 | 400 |
| 单价（元） | 20 | 60 | 25 |
| 单位变动成本（元） | 9 | 46 | 15 |
| 专属固定成本（元） | 1 000 | 2 000 | 1 000 |
| 共同固定成本（元） | | 18 000 | |

要求：

（1）如果全部固定成本均按销售额所占的比重分配，计算判断何种产品为亏损产品。

（2）做出该亏损产品是否停产的决策分析。

（3）如果该企业停止上述亏损产品的产销，可以利用剩余的生产能力转产 D 产品。D 产品的单价为 100 元，单位变动成本为 80 元，产销量为 400 件。做出是否转产 D 产品的决策分析。

## 五、案例分析题

案例：格兰仕的定价

**价格黑榄论**

探寻格兰仕的迅速崛起，就不能不说说当地的"经济生态"：在南国有一种植物叫黑榄。据植物学家介绍，黑榄之所以能从一株独苗成长为森林里的"空中花园"，主要得益于它能充分吸收周边环境的养料，与时俱进，顺应"竞争为王"的丛林法则，不停地绞杀竞争对手，从而称霸丛林，占山为王。

回顾格兰仕走过的历程，我们不难发现，格兰仕走的就是一条竞争为王的丛林路线：鹅毛掸子—羽绒制品—微波炉—空调、小家电，将一个产品做大做强，然后再做下一个产品，犹如南国黑榄，在不同的成长期，生产不同的产品，相互依托，相互支撑，最后形成一个硕果累累的"家电花园"。

**价格珠峰论**

珠峰之所以没有萎缩，就是因为它利用了邻近高峰与深层地层的挤压，化挤压力为上升力，加上爆发的突变，造就了今天的珠峰，这就是珠峰生成的原理。

同样，从企业的成长来看，也有一个"珠峰原理"：一个小企业要成长为大企业，也必须通过缓慢的、持续不断的自然增长，加上爆发的突变，才能成为高手之林中的顶级高手。

得天独厚的地缘优势，造就了格兰仕不易"克隆"的竞争力；但这些只是自然增长的先天条件，格兰仕要想获得"爆发性的突变"，成为家电业的"珠峰"，还要借助地缘优势形成企业自身成熟规范的竞争力——培养出企业独有的特定组织结构和获利模式以及特别有竞争力的员工。

价格治水论

据介绍,都江堰水利工程由三大主体构成:一是鱼嘴,上游的岷江水流至这里开始分为内江和外江;二是飞沙堰,用于泄洪排水;三是宝瓶口,控制水量。这三大主体构成了都江堰水利工程的良性循环,既可以排洪灌溉,又可以发电养鱼,完全"道法自然",充分利用自然的规律,造福子孙万代。

格兰仕对价格战出神入化的运作,从治水的角度看,格兰仕持续不断的降价战略就是都江堰治水的"现代版"。如果将中国家电行业看作一条大江,将格兰仕看作都江堰,那么价格就是"鱼嘴",价格战就是"飞沙堰",规模就是"宝瓶口"。

格兰仕降价备忘录

1996年8月,格兰仕微波炉发动第一次降价,平均降幅达40%,推动了微波炉在国内的普及。当年实现产销65万台,市场占有率超过35%。

1997年10月,格兰仕微波炉第二次大幅降价,降幅在29%~40%,使其当年的市场占有率扩大到47.6%,产销量猛增到198万台。

1998年5月,格兰仕微波炉以"买一赠三"和抽奖等形式进行变相降价,并逐步将市场重心转移到海外。其时,微波炉年产达到450万台,当年,国内市场占有率达到60%以上。

2000年6月,格兰仕微波炉第四次掀起大规模的价格大战,降幅仍高达40%,以"五朵金花"系列等中档机为主。

2000年10月,格兰仕微波炉第五次大降价利刃直指高端市场,高档黑金刚系列微波炉降幅接近40%,高档机型需求率迅猛提高。全年国内市场占有率高达76%,国际市场占有率突破30%,晋升为中国家电出口二强之一。

2001年4月,格兰仕推出300元以下微波炉,再次令淡季市场空前火爆。

2002年1月,格兰仕数码温控王系列微波炉降价30%,使"高档中价"的高档机价位直逼其他品牌中低档产品的价格,加上数码光波、太空金刚、白金刚等高新技术产品的上市及热销,格兰仕"封杀"了整个微波炉市场。

2002年2月26日,格兰仕打响空调价格大战第一枪,对喷涂系列近20款畅销主力机降价,平均降幅约30%,最高降幅约35%。格兰仕表示,希望通过生产力水平的提升,在"高档中价"的基础上进一步推进国内市场上高档空调的"平民化"。

2002年3月7日,黑金刚系列中高档微波炉价格全面下调,最高降幅超过30%,平均降幅约25%。

要求:通过本案例的分析,你认为:

(1)格兰仕的定价策略有何特点?

(2)企业在定价决策中应该注意些什么?

(3)谈谈你对格兰仕定价策略的体会。

## 六、拓展题

结合本章思政元素,请编写一则相关案例或者撰写一篇相关小论文,字数不少于300字。

# 【参考答案】

## 一、单项选择题

| 题号 | 1 | 2 | 3 | 4 | 5 | 6 | 7 | 8 | 9 | 10 |
|------|---|---|---|---|---|---|---|---|---|----|
| 答案 | C | D | A | B | C | D | B | A | B | B |
| 题号 | 11 | 12 | 13 | 14 | 15 | 16 | 17 | 18 | 19 | 20 |
| 答案 | C | C | B | A | D | B | C | C | B | C |
| 题号 | 21 | 22 | 23 | 24 | 25 | | | | | |
| 答案 | A | A | A | D | D | | | | | |

## 二、多项选择题

| 题号 | 1 | 2 | 3 | 4 | 5 |
|------|---|---|---|---|---|
| 答案 | ABC | ABCDE | ACDE | ABCDE | ABCDE |
| 题号 | 6 | 7 | 8 | 9 | 10 |
| 答案 | BCDE | ACE | DE | ABCDE | ACD |
| 题号 | 11 | 12 | 13 | 14 | 15 |
| 答案 | ABCDE | ABCDE | ABC | ABC | CD |
| 题号 | 16 | 17 | 18 | | |
| 答案 | ABCE | AC | BCD | | |

## 三、判断题

| 题号 | 1 | 2 | 3 | 4 | 5 | 6 | 7 | 8 | 9 | 10 |
|------|---|---|---|---|---|---|---|---|---|----|
| 答案 | √ | × | √ | √ | × | √ | √ | × | × | × |
| 题号 | 11 | 12 | 13 | 14 | 15 | 16 | 17 | 18 | 19 | 20 |
| 答案 | × | √ | √ | × | √ | × | √ | √ | × | √ |

## 四、计算分析题

1. 解：

单位固定生产成本为 25 元；单位变动生产成本为 55 元。

(1) 接受此项追加订货。

（2）接受此项追加订货。

（3）拒绝此项追加订货。

（4）拒绝此项追加订货。

2. 解：

单位台时边际贡献 A20,B10。开发 A 产品。

3. 解：

（1）深加工成乙产成品。

（2）直接出售甲半成品。

（3）将全部甲半成品深加工成乙产成品。

4. 解：

自制 A 零件。

5. 解：

0～4 000 外购；4 000～5 000 自制；5 000～6 000 外购；6 000～自制；4 000 或 6 000 自制或外购均可。

6. 解：

利润无差别点为 8 000 件。

（1）不应调低。

（2）应该调高。

7. 解：

（1）B 产品亏损。

（2）不应停产。

（3）可以转产。

## 五、案例分析题

案例解析：

（1）格兰仕是我国乃至全世界知名的家电制造商,定价策略上采用渗透策略,它曾经使用"价格竞争",用无人可敌的价格来打退竞争对手。1993 年格兰仕进入微波炉行业,在 1996 年 8 月和 1997 年 10 月分别进行了两次大规模的降价活动,每次降幅都高达 40%,使微波炉行业产生两次大的地震,致使微波炉行业竞争格局发生了巨大的变化。格兰仕靠打价格战,赢得了市场和市场优势,也在行业内被称为"价格屠夫"。格兰仕降低成本的最有效手段是扩大规模。在家电产业中,产品成本会随生产规模的扩大而迅速下降,产品的规模效应十分明显。格兰仕起初正是依靠微波炉生产本身所产生的规模经济效应和严格的成本控制措施,迅速成为国内市场最大的微波炉生产销售企业,市场占有率第一。2000 年其实现销售收入 58 亿元,2001 年达到 68 亿元,国内市场占有率约 70%。但也带来了企业投资回收速度放慢,企业在投入期经济效益较差的问题。

（2）价格是产品价值的货币表现,是附加在被交换的产品上的价值。在历史上,多数情况下,价格是消费者做出选择的主要决定因素。在最近的十年里,尽管在消费者选择行为中,非价格因素已经变得相对更重要了,但价格仍然是决定企业市场份额和盈利率的最重要因素之一。

企业面对定价决策的时候,面临的问题主要有三个方面:第一,对第一次销售的产品如何定价;第二,怎样随时间和空间的转移,运用一定的策略来调整一个产品的价格,从而适应各种环境和机会的需要;第三,如何应对竞争者的价格调整,适时地做出正确的反应。

(3)格兰仕微波炉的定价策略和国内对微波炉的巨大需求造就了格兰仕的成功,格兰仕降低成本的最有效手段是扩大规模,依靠微波炉生产本身所产生的规模经济效应和严格的成本控制措施,迅速成为国内市场最大的微波炉生产销售企业,市场占有率第一。但在目前的经济大环境中,微波炉业务利润相当微薄。作为格兰仕领头产品,微波炉规模效应几乎到达饱和点,基本上不能再以"薄利多销"来获得更大的利润,其他小家电的情况也类似。格兰仕已无法再进行微波炉价格战。格兰仕空调因品牌、技术和需求问题,低价策略并未取得成功。因此,定价策略应随时间和空间的转移,运用一定的策略来调整,从而适应各种环境和机会的需要。

## 六、拓展题

答案略。

# 第七章 长期投资决策

**【思维导图】**

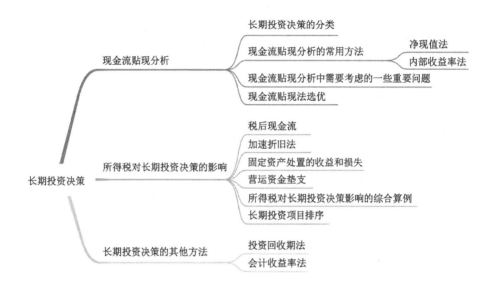

**【学习指导】**

## 一、学习目的和要求

本章的学习目的是帮助同学们在了解现金流贴现分析原理的基础上,掌握并熟练运用现金流贴现分析方法,理解所得税对长期投资决策的影响,掌握长期投资决策常用的非贴现方法及其评价,从而能够在不同情况下正确应用投资决策指标进行决策。

通过本章学习,同学们应熟悉长期投资决策的分类,掌握净现值法、内部收益率法等常用的现金流贴现方法的原理及运用,并理解其适用性和优缺点;理解所得税对长期投资决策的影响,掌握在所得税影响下对长期投资项目进行选优和排序的方法;掌握投资回收期、会计收益率等非折现方法的原理及运用,并理解其适用性和优缺点。

## 二、学习重点

(1) 了解和掌握进行投资决策所必须掌握的基本知识(如货币时间价值、现金流量、折现率的概念及计算);

（2）熟悉现金流贴现分析中净现值和内部收益率等方法的计算及优缺点；

（3）理解和掌握所得税对长期投资决策的影响；

（4）掌握现金流贴现分析和非贴现分析方法在各种情况下的正确应用。

## 三、学习难点

（1）货币时间价值基本计算公式在不同情况下的灵活运用；

（2）现金流量在不同期间的准确计算和确定；

（3）净现值、内部收益率指标在复杂情况下的正确运用；

（4）典型投资决策的方法应用。

## 【章节练习】

### 一、单项选择题

1. 在项目投资决策的营业现金流量分析中下列公式错误的是（　　）。

A. 税后利润＋折旧

B. （营业收入－付现营业成本）×（1－所得税率）＋折旧

C. （营业收入－付现营业成本－折旧）×（1－所得税率）＋折旧

D. （营业收入－付现营业成本）×（1－所得税率）＋折旧×所得税率

2. 在下列各项中，不属于长期投资现金流入量内容的是（　　）。

A. 营业收入 　　　　　　　　　B. 回收固定资产余值

C. 流动资金投资 　　　　　　　D. 回收流动资金

3. 在下列各项中，属于长期投资运营期发生的主要现金流入量项目的是（　　）。

A. 营业收入 　　　　　　　　　B. 流动资金投资

C. 经营成本 　　　　　　　　　D. 回收流动资金

4. 在下列各项中，属于长期投资运营期发生的主要现金流出量项目的是（　　）。

A. 建设投资 　　　　　　　　　B. 流动资金投资

C. 经营成本 　　　　　　　　　D. 各项税款

5. 在固定资产投资中，计算某年运营期净现金流量的公式中不应该包括（　　）。

A. 该年息税前利润 　　　　　　B. 该年折旧

C. 该年利息 　　　　　　　　　D. 该年付现成本

6. 如果其他因素不变，一旦提高折现率，则下列指标中数值将会变小的是（　　）。

A. 净现值率 　　　　　　　　　B. 内部收益率

C. 投资利润率 　　　　　　　　D. 投资回收期

7. 已知某投资项目的某年营业收入为 140 万元，经营付现成本为 70 万元，该年折旧为 30 万元，所得税税率为 25%。据此计算的该年所得税后净现金流量为（　　）万元。

A. 70 　　　　　　　　　　　　B. 75

C. 52.5 　　　　　　　　　　　D. 60

8. 在管理会计中，$(P/F, i, n)$ 所代表的是（　　）。

A. 复利终值系数 　　　　　　　B. 复利现值系数

C. 年金终值系数        D. 年金现值系数

9. 利用已知的零存数求整取的过程,实质上就是计算(  )。

A. 复利终值          B. 复利现值

C. 年金终值          D. 年金现值

10. 某企业每年末将 100 000 元资金划拨为技术改造资金,专户存储,已知 10 年,10% 的年金现值系数为 6.144 57,年金终值系数为 15.937 4。到第 10 年年末,企业可用于技术改造的资金总量为(  )元。

A. 385 543          B. 614 457

C. 1 000 000         D. 1 593 740

11. 在下列各项中,计算结果等于先付年金现值系数的是(  )。

A. $(F/A,i,n+1)-1$      B. $(P/A,i,n-1)+1$

C. $(F/A,i,n-1)+1$      D. $(P/A,i,n+1)-1$

12. 下列各项中,属于长期投资决策非折现评价指标的是(  )。

A. 现值指数          B. 投资净利率

C. 净现值           D. 内部收益率

13. 下列各项中,既属于非折现指标,又属于反指标的是(  )。

A. 投资利润率         B. 外部收益率

C. 内部收益率         D. 静态投资回收期

14. 下列各项中,既属于折现指标,又属于绝对量正指标的是(  )。

A. 投资利润率         B. 净现值

C. 内部收益率         D. 动态投资回收期

15. 某投资项目按 15% 贴现率计算的净现值为 228 元,按 16% 贴现率计算的净现值为 −392 元,则该项目的内含报酬率为(  )。

A. 15.6%           B. 15.4%

C. 15.2%           D. 15.9%

16. 已知某投资项目原始投资为 500 万元,建设期资本化利息为 50 万元。预计项目投产后每年净现金流量为 88 万元,年平均利润为 66 万元,则该项目的投资利润率等于(  )。

A. 12.0%           B. 13.2%

C. 16.0%           D. 17.6%

17. 已知某投资项目的原始投资额为 100 万元,建设期为 2 年,投产后第 1～8 年每年 NCF 为 25 万元,第 9～10 年每年 NCF 为 20 万元,则该项目包括建设期的静态投资回收期为(  )年。

A. 4             B. 5

C. 6             D. 7

18. 下列长期投资决策评价指标中,其数值越小越好的指标是(  )。

A. 净现值率          B. 投资回收期

C. 内部收益率         D. 投资利润率

19. 某投资项目在建设期内投入全部原始投资,该项目的净现值率为 25%,则该项目的获利指数为(  )。

A. 0.75                               B. 1.25

C. 4.0                                D. 25

20. 已知某投资项目的项目计算期为 10 年,资金于建设起点一次投入,当年完工并投产。经预计该项目包括建设期的静态投资回收期是 4 年,则该内部收益率确定的年金现值系数是(　　)。

A. 10                                 B. 6

C. 4                                  D. 2.5

21. 下列长期投资决策评价指标中,其计算结果不受建设期长短、资金投入方式、回收额有无,以及净现金流量大小等条件影响的是(　　)。

A. 投资利润率                          B. 投资回收期

C. 内部收益率                          D. 净现值率

22. 当常规方案的净现值大于零,其内部收益率(　　)。

A. 可能小于零                          B. 一定等于零

C. 一定大于设定折现率                  D. 可能等于设定折现率

23. 能使投资方案的净现值等于零的折现率,叫(　　)。

A. 净现值率                            B. 资金成本率

C. 内部收益率                          D. 投资利润率

24. 用内部收益率对经营期内各期净现金流量进行贴现计算经营期净现金流量总现值,如果没有计算误差则它(　　)。

A. 大于投资额总现值                    B. 等于投资额总现值

C. 小于投资额总现值                    D. 以上均有可能

## 二、多项选择题

1. 下列各项中,属于长期投资特点的是(　　)。

A. 投入资金较多                        B. 影响持续时间长

C. 资金回收慢                          D. 蒙受风险大

E. 变现能力强

2. 下列各项中,属于可能导致某投资项目的固定资产投资与固定资产原值相等的原因有(　　)。

A. 建设期为零                          B. 全部投资均为自有资金

C. 全部投资均于建设起点一次投入        D. 未发生资本化利息

E. 未发生流动资金投资

3. 如果某项目分两次投入流动资金,第一次投入 100 万元,第二次投入 180 万元,经营期内没有发生提前回收流动资金的现象。则下列说法中正确的有(　　)。

A. 该项目流动资金投资合计为 280 万元

B. 第一次投资时的流动资金需用额为 100 万元

C. 第二次投资时的流动资金需用额为 280 万元

D. 第二次投资时的流动资金需用额为 180 万元

E. 终结点回收的流动资金为 380 万元

4. 下列各项中,属于揭示现金流量指标优点的说法有(　　　)。

A. 可以序时动态地反映项目的投入产出关系

B. 便于完整、准确、全面地反映评价项目的效益

C. 能克服利润信息相关性差的缺点

D. 能简化投资决策评价指标计算

E. 便于动态分析评价投资效果

5. 下列项目中,符合年金特征的有(　　　)。

A. 按直线法计提的折旧　　　　　　　B. 按产量法计提的折旧

C. 定期支付的租金　　　　　　　　　D. 定期上交的保险费

E. 无形资产的每年摊销额

6. 长期投资决策评价指标的主要作用包括(　　　)。

A. 衡量比较投资项目可行性　　　　　B. 衡量企业的财务状况

C. 反映项目的投入产出关系　　　　　D. 反映长期投资的效益

E. 反映企业的经营成果

7. 在下列指标中,可以仅依据项目现金流量信息计算出来的有(　　　)。

A. 投资利润率　　　　　　　　　　　B. 静态投资回收期

C. 内部收益率　　　　　　　　　　　D. 净现值率

E. 净现值

8. 在下列指标中,其计算公式以经营期年利润或年均利润为分子的有(　　　)。

A. 投资利润率　　　　　　　　　　　B. 年平均投资收益率

C. 原始投资回收率　　　　　　　　　D. 包括建设期的投资回收期

E. 不包括建设期的投资回收期

9. 下列长期投资决策评价指标中,需要以已知的行业基准折现率作为计算依据的包括( 　　　)。

A. 净现值　　　　　　　　　　　　　B. 内部收益率

C. 投资回收期　　　　　　　　　　　D. 会计收益率

E. 现值指数

10. 在独立常规投资项目中,当一项投资方案的净现值小于零时,表明该方案(　　　)。

A. 累积净现金流量小于零　　　　　　B. 不具备财务可行性

C. 会计收益率小于零　　　　　　　　D. 内部收益率小于基准折现率

E. 静态投资回收期小于基础回收期

11. 已知在甲、乙、丙、丁四个常规投资方案中,甲方案的决策与其他方案之间没有任何关系,在乙和丙方案之间只能选择一个方案,丙方案需要以丁方案为前提。据此可以断定(　　　)。

A. 甲方案属于单一独立方案　　　　　B. 乙与丙方案属于互斥方案

C. 丙与丁方案属于互斥方案　　　　　D. 乙与丙方案属于组合方案

E. 丙与丁方案属于组合方案

12. 下列属于长期投资决策的有(　　　)。

A. 新生产线的开发
B. 老生产线的维护
C. 闲置生产能力的开发利用
D. 固定资产的改建、扩建、更新
E. 固定资产经济寿命的确定

13. 各期 NCF 现值的代数和等于零,则( )。

A. 净现值等于 1
B. 净现值等于零
C. 内含报酬率等于零
D. 内含报酬率等于折现率
E. 净现值指数等于零

14. 用一个折现率进行折现,使经营期各期的 NCF 现值总和等于投资额现值总和,则( )。

A. 这时的折现率就是内含报酬率
B. 这时的内含报酬率大于规定的折现率
C. 这时的内含报酬率可能大于也可能小于或等于规定的折现率
D. 这时的净现值等于零
E. 这时的净现值指数等于 1

## 三、判断题

1. 因为货币时间价值原理违背马克思的劳动价值论,所以不适用于社会主义社会。 ( )

2. 货币时间价值的表现形式就是利息和利率。 ( )

3. 非折现指标又称动态评价指标,包括净现值、净现值率、内部收益率等。 ( )

4. 终结点净现金流量等于终结点那一年的经营净现金流量与该期回收额之和,其回收额必须大于零。 ( )

5. 如果某投资方案的净现值指标大于零,则可以据此断定该方案的投资回收期一定小于基准回收期。 ( )

6. 虽然复利现值系数与复利终值系数之间是倒数关系,但年金现值系数与年金终值系数之间并不存在倒数关系。 ( )

7. 在更新改造项目中,因旧设备提前报废发生处理固定资产净损失而引起的递减所得税不但不会减少当期净现金流量,相反会增加净现金流量。 ( )

8. 在终结点回收的流动资金应当在数额上等于流动资金投资合计。 ( )

9. 由于全部投资的现金流量表与自有资金的现金流量表的投资主体不同,因此在现金流入量和现金流出量的构成内容上都存在明显差别。 ( )

10. 净现值是指在项目计算期内,按资本成本或投资者要求的最低报酬率计算的各年净现金流量现值的代数和。 ( )

## 四、计算分析题

1. 某企业有一项目需 3 年建成,每年末投资 400 000 元(资金成本率为 10%),该项目建成后,每年可获税前净利 150 000 元,提取折旧 132 400 元。假如该项目寿命期为 10 年,期满无残值。

要求：

(1) 计算该项目建成后的投资总额；

(2) 分别采用净现值、内部收益率和回收期对该投资项目进行评价分析。

2. 某公司现有一台装运设备是两年前购置的，原始成本为 100 000 元，账面净值为 81 000 元，尚可使用 8 年，预计残值为 5 000 元，每年折旧额为 9 500 元。使用该设备每年可以实现销售收入 100 000 元，每年付现的营运成本为 60 000 元，另外，使用现有设备需要在 4 年后大修一次，预计大修费用为 20 000 元。

现有一供应商来推销一种新的装运设备，新设备的买价及运费共计 150 000 元，预计可用 8 年，报废时预计有残值 7 500 元，使用新设备每年可比旧设备增加销售收入 50 000 元，同时每年可节约付现的营运成本 20 000 元。新设备第四年末也需要大修一次，大修成本为 8 000 元。购买新设备后，旧设备可以作价 60 000 元出售，设备更换不会影响企业的生产计划。该公司的资金成本率为 10%，所得税税率为 25%。

要求：做出企业是否进行设备更新的决策分析。

3. 某公司现购置一辆运输车，原始成本为 160 000 元，预计可使用 5 年，除维修保养费外，每年的运行成本均为 20 000 元。维修保养费第一年为 5 000 元，预计以后每年递增 6 000 元，该车辆第一年末处置预计可作价 120 000 元，以后每年递减 30 000 元，该企业的资金成本率为 10%。

要求：假定其他相关条件不变，做出该运输车辆何时更新的决策分析。

4. 某工厂引进一条生产线，其投资额为 100 万元，投产后每年可获分割利润 30 万元，该生产线使用期为 4 年，使用期终了无残值，使用直线法计提折旧，企业投资由银行贷款，年复利率为 10%，所得税税率为 25%。

要求：

(1) 计算静态投资回收期和投资利润率。

(2) 计算净现值和内部收益率。

(3) 如果使用年限不变，每年至少要获等额利润多少万元才不会影响方案的可行性？

(4) 如果每年 NCF 不变，使用年限至少要达到多少年才不会影响投资方案的可行性？

5. 某企业拟投资 180 万元购买一套设备，建设期为零，该设备可使用 10 年，使用期终了无残值，经营期内每年 NCF 为 50 万元，该企业的资金成本率为 10%。

要求：

(1) 计算该投资方案的净现值和内部收益率；

(2) 使用年限不变，经营期内每年 NCF 减少 10%，对净现值和内部收益率的影响程度；

(3) 各期 NCF 不变，使用年限减少 10% 对净现值和内部收益率的影响程度；

(4) 假定使用年限不变，计算该方案可行的经营期内每年 NCF 的下限，并确定在什么幅度内变化才不会影响方案的可行性；

(5) 假定各期 NCF 不变，计算该方案可行的最低使用年限，并确定在什么幅度内变动才不影响方案的可行性。

## 五、案例分析题

案例:琼南洋投资失败分析

琼南洋全称为海南南洋船务实业股份有限公司,成立于 1992 年 12 月 16 日,1994 年上市。上市之初,公司规模较小,只有几艘小油轮。1996 年 4 月,原第一大股东海南省航运总公司将所持法人股转让给海南成功投资有限公司。新的董事会提出了以化工品航运为主的"大海运"的构想。正是这一投资战略的重大转变,催生了后来的"宏伟的造船计划"。在这种投资战略的引导下,琼南洋大量借贷,一口气买下了"建中""顺宝""新南洋一号"3 艘二手船,耗资近 2 000 万美元。琼南洋曾将"东海"和"洋浦"号油轮抵押给中国银行。1996 年,为购置"新南洋一号",又以这两艘油轮捆绑抵押,大大增加了公司的债务成本。到 1996 年,琼南洋的主营业务收入较上年下降了 2 810 万元,税后利润下降了 4 938 万元,由盈利 2 182 万元变为亏损 2 756 万元,资产负债率达 45.5%。1997 年上半年,国际航运业出现暂时好转,公司主营业务收入和税后利润都出现了大幅反弹,公司管理层的乐观情绪高涨。1997 年 8 月,公司与日本川铁商事株式会社签订了建造两艘 8 500 吨化工品船的合同,单船造价高达 19.33 亿日元。1997 年 12 月,公司又与日本福冈船厂签订了建造两艘 11 500 吨化工品船的合同,单船造价高达 23.69 亿日元。1997 年,琼南洋为了造新船,只好再将"东海""洋浦""新南洋一号""建中""顺宝"5 艘船捆绑抵押,这样一来,琼南洋的债务成本又进一步急剧增加,加上国际航运业严重萧条,到 1998 年,琼南洋的主营业务收入较上年下降了 14 760 万元,税后利润下降了 19 335 万元,由盈利 3 694 万元变为亏损 15 641 万元,资产负债率达 75.51%。在主营业务下滑、新船未建造完工的困难时期,琼南洋又面临东南亚金融危机的沉重打击。由于国际航运市场萧条,运价一降再降。与此同时,日元强劲升值,尽管国际造船价已下跌 20%,但日元升值达 20%,琼南洋实际上要多支付 40%的成本。到 1999 年,琼南洋到了还贷高峰期,到期的债务本息高达 3.3 亿元人民币。由于要还债,公司先后低价转让 4 艘新船,直接经济损失为 9.54 亿日元。另外,转让其他船只的损失也很大。到 1999 年末,琼南洋的处境更为艰难,全年亏损 28 686 万元,每股亏损 1.15 元。公司已资不抵债,净资产为−13 521 万元,每股净资产−0.54 元,资产负债率急剧上升至 140.22%。买船导致的资金枯竭和巨大的还贷压力将琼南洋推向破产的边缘。2000 年,琼南洋所拥有的"东海""洋浦""南洋一号、二号、三号、五号""海鹭"油轮接连被贱价转让或拍卖,琼南洋陷入绝境,公司全年亏损 3 989 万元,每股亏损 0.16 元,每股净资产−0.93 元,资产负债率达 207.03%;2001 年公司全年亏损 4 329 万元,每股亏损 0.17 元,每股净资产−1.24 元,资产负债率达 165.49%。

要求:分析琼南洋失败的原因及其给我们的启示。

## 六、拓展题

结合本章思政元素,请编写一则相关案例或者撰写一篇相关小论文,字数不少于 300 字。

# 【参考答案】

## 一、单项选择题

| 题号 | 1 | 2 | 3 | 4 | 5 | 6 | 7 | 8 | 9 | 10 |
|------|---|---|---|---|---|---|---|---|---|----|
| 答案 | B | C | A | C | C | A | D | B | C | D |
| 题号 | 11 | 12 | 13 | 14 | 15 | 16 | 17 | 18 | 19 | 20 |
| 答案 | B | B | D | B | B | A | C | B | B | C |
| 题号 | 21 | 22 | 23 | 24 | | | | | | |
| 答案 | A | C | C | B | | | | | | |

## 二、多项选择题

| 题号 | 1 | 2 | 3 | 4 | 5 | 6 | 7 |
|------|---|---|---|---|---|---|---|
| 答案 | ABCD | ABCD | ABC | ABCDE | ACDE | ACD | BC |
| 题号 | 8 | 9 | 10 | 11 | 12 | 13 | 14 |
| 答案 | AB | AE | BD | ABE | ADE | BDE | AD |

## 三、判断题

| 题号 | 1 | 2 | 3 | 4 | 5 | 6 | 7 | 8 | 9 | 10 |
|------|---|---|---|---|---|---|---|---|---|----|
| 答案 | × | √ | × | × | × | √ | √ | √ | × | √ |

## 四、计算分析题

1. 解：

(1) 1 324 000。

(2) 8 044 303;11.5%;8.15 年。

2. 解：

应当更新。

3. 解：

第 3 年更新。

4. 解：

(1) 2.11 年,22.5%。

(2) NPV＝50.57 万元,IRR＝31.72%。

(3) 税前利润＝8.73 万元。

（4）年限至少要达到为 2.49 年。

5. 解：

（1）127.23,24.73％。

（2）96.51,21.41％。

（3）107.95,23.67％。

（4）≥29.29 万元。

（5）5 年。

## 五、案例分析题

案例解析：

琼南洋的失败历程令人深思。由于琼南洋没有建立公司高效运作所必需的各种机制，包括投资决策机制、风险防范机制、市场调研机制，公司在不利的市场形势下丧失了发展机遇，最后陷入困境。其失败的主要原因是公司投资战略定位错误。

琼南洋的失败给我们的重要启示是：作为公司的高层管理者，应该适时进行投资战略分析，要善于在复杂多变的环境中寻求公司长远、健康的发展路径，要居安思危，否则，最后的结局便是被市场所抛弃。

## 六、拓展题

答案略。

# 第八章 预算管理

## 【思维导图】

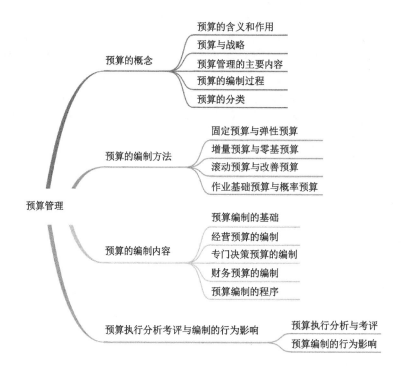

## 【学习指导】

### 一、学习目的和要求

通过本章的学习,帮助学生理解预算管理的基本概念、主要作用、预算管理体系以及全面预算的内容及其流程。本章重点介绍主要的预算类型及其编制方法,帮助学生掌握主要预算类型的编制原理,并从中理解预算管理的特点及其作用。

### 二、学习重点

(1) 了解预算的概念及预算管理的基本原理;

(2) 理解和掌握预算管理的体系及结构,把握经营预算、财务预算和资本支出预算之间的关系。

### 三、学习难点

（1）理解预算管理与企业内部管理之间的内在联系；

（2）熟练掌握各种预算的编制方法；

（3）准确理解各种预算编制方法的实质和适用性，并能针对不同的企业环境和管理要求，有效实施预算管理。

【章节练习】

### 一、单项选择题

1. 生产预算的主要内容有生产量、期初和期末产品存货及（　　　）。

A. 资金量　　　　　　　　　　　　B. 工时量

C. 购货量　　　　　　　　　　　　D. 销货量

2. 下列预算中，不涉及现金收支内容的项目为（　　　）。

A. 销售预算　　　　　　　　　　　B. 生产预算

C. 制造费用预算　　　　　　　　　D. 直接材料预算

3. 编制全面预算的关键和起点是（　　　）。

A. 销售预算　　　　　　　　　　　B. 生产预算

C. 现金预算　　　　　　　　　　　D. 直接材料预算

4. 现金预算属于（　　　）。

A. 经营预算　　　　　　　　　　　B. 财务预算

C. 专门决策预算　　　　　　　　　D. 融资预算

5. 预计期初存货 70 件，期末存货 60 件，本期销售 280 件，则本期生产量为（　　　）件。

A. 250　　　　　　　　　　　　　　B. 240

C. 260　　　　　　　　　　　　　　D. 270

6. 根据预算期内正常的可实现的某业务量水平而编制的预算称为（　　　）。

A. 弹性预算　　　　　　　　　　　B. 固定预算

C. 增量预算　　　　　　　　　　　D. 零基预算

7. 在编制（　　　）时，需按成本性态的方法，将企业的成本分成固定成本和变动成本。

A. 固定预算　　　　　　　　　　　B. 滚动预算

C. 增量预算　　　　　　　　　　　D. 弹性预算

8. 企业的全面预算体系的终结为（　　　）。

A. 销售预算　　　　　　　　　　　B. 生产预算

C. 预计财务报表　　　　　　　　　D. 资本支出预算

9. 下列预算中，属于财务预算的是（　　　）。

A. 销售预算　　　　　　　　　　　B. 生产预算

C. 现金预算　　　　　　　　　　　D. 直接人工预算

10. 编制工作量较大，但可以不需要经过计算就可以找到与实际业务相同或相近的预算成本的弹性预算编制方法的是(　　)。

    A. 公式法               B. 列表法

    C. 图示法               D. 因素法

11. 某企业每季度的销售收入中,本季度收到现金70%,剩余30%下季度收回。若预算年度的第四季度销售收入为30 000元,则资产负债表预算中年末"应收账款"项目金额为(　　)元。

    A. 21 000            B. 9 000

    C. 12 000            D. 3 0000

12. (　　)没有直接在现金预算中得到反映。

    A. 现金筹措与运营        B. 预算期现金余缺

    C. 预算期产销量           D. 期初、期末现金余额

13. 编制直接材料预算的直接基础是(　　)。

    A. 销售预算            B. 生产预算

    C. 直接人工预算           D. 现金预算

14. 预算期可以自动延伸的预算是(　　)。

    A. 弹性预算            B. 滚动预算

    C. 概率预算            D. 零基预算

15. 不以过去实际发生的数额为基础编制预算的是(　　)。

    A. 弹性预算            B. 滚动预算

    C. 概率预算            D. 零基预算

16. 编制弹性预算,确定业务量上下限范围,一般在正常生产能力的(　　)。

    A. 80%～100%       B. 70%～110%

    C. 50%～120%       D. 90%～110%

17. 编制弹性预算,对已确定业务量范围的划分,每部分的距离一般为(　　)。

    A. 7%～11%         B. 5%～10%

    C. 1%～3%           D. 8%～10%

18. 编制经营预算与财务预算的期间通常是(　　)。

    A. 1个月             B. 1个季度

    C. 半年               D. 1年

19. 下列各项中,属于零基预算编制程序第一步的是(　　)。

    A. 提出预算期内各种活动内容及费用开支方案

    B. 对方案进行成本-效益分析

    C. 择优安排项目,分配预算资金

    D. 搜集历史资料

20. 下列各项中,能够揭示滚动预算基本特点的表述是(　　)。

    A. 预算期是相对固定的     B. 预算期是连续不断的

    C. 预算期与会计年度一致     D. 预算期不可随意变动

## 二、多项选择题

1. 预算的作用主要表现为( )。

A. 通过引导和控制经济活动,使企业经营达到预期目标

B. 可以作为业绩考核的标准

C. 可以显示实际的执行结果

D. 可以实现企业内部各个部门之间的协调

2. 下列关于全面预算的表述中,正确的有( )。

A. 全面预算包括经营预算、专门决策预算和财务预算三部分

B. 销售预算是整个预算的编制起点

C. 财务预算和资本支出预算是业务预算的基础

D. 财务预算通常属于短期预算

3. 销售预算的主要内容有( )。

A. 销售收入          B. 销售费用

C. 销售数量          D. 销售单价

4. 财务预算包括( )。

A. 现金预算表          B. 资本支出预算

C. 预计利润表          D. 预计资产负债表

5. 常用的预算编制方法包括( )。

A. 固定预算          B. 零基预算

C. 作业基础预算          D. 滚动预算

6. 在编制直接材料预算时,预计材料的采购金额与下列哪些因素有关( )。

A. 预算期期初直接材料存货量    B. 预算期生产量

C. 预算期期末直接材料存货量    D. 单位产品材料耗用量

7. 下列预算中,既能反映营运业务又能反映现金收支内容的有( )。

A. 销售预算          B. 生产预算

C. 制造费用预算          D. 直接材料预算

8. 编制弹性预算的步骤包括( )。

A. 选择合适的业务量       B. 确定业务量上下限的范围及其划分的距离

C. 编制弹性预算表        D. 必须使用销售量

9. 弹性预算的特点有( )。

A. 预算期在已确定的业务量范围内按多种业务量水平确定多种预算额

B. 按成本的不同性态分类列示

C. 以零为基础从实际需要与可能出发进行编制

D. 预算连续不断,使预算期永远保持为一年

E. 以基期预算为基础,结合预算期情况进行调整来编制预算

10. 现金预算中,现金收入包括的内容是( )。

A. 期初现金          B. 现销收入

C. 票据贴现收入          D. 收回的应收账款

11. 预算委员会一般由(　　)组成。

A. 总经理
B. 分管销售的副总经理

C. 分管生产的副总经理
D. 分管财务的副总经理

E. 总会计师

12. 下列需要考虑存货期初及期末余额的预算是(　　)。

A. 销售预算
B. 生产预算

C. 直接材料预算
D. 直接人工预算

E. 现金预算

13. 为了便于编制现金预算,需要在下列哪些预算中单独反映预计现金的收支(　　)。

A. 销售预算
B. 生产预算

C. 直接材料预算
D. 直接人工预算

E. 制造费用预算

14. 下列中以生产预算为基础编制的预算有(　　)。

A. 销售预算
B. 直接材料预算

C. 直接人工预算
D. 制造费用预算

E. 销售费用预算

15. 在确定制造费用方面预计的现金支出时,下列应予扣除的项目是(　　)。

A. 管理人员的薪金
B. 固定资产折旧费

C. 广告费
D. 预提的车间设备修理费

E. 本期摊销的车间设备修理费

16. 现金预算包括的主要内容有(　　)。

A. 现金收入
B. 现金支出

C. 现金多余或不足
D. 现金的筹集和运用

E. 不涉及现金收支的重大理财事项

17. 下列各项中,属于全面预算体系构成内容的有(　　)。

A. 业务预算
B. 财务预算

C. 专门决策预算
D. 零基预算

E. 滚动预算

18. 下列各项中,属于专门决策预算内容的有(　　)。

A. 一次性专门业务预算
B. 预计利润表

C. 预计资产负债表
D. 资本支出预算

E. 销售预算

19. 专门决策预算是指企业不经常发生的,需要根据特定决策临时编制的一次性预算,主要有(　　)。

A. 生产预算
B. 制造费用预算

C. 经营决策预算
D. 投资决策预算

E. 现金预算

20. 下列各项中,属于克服传统预算方法的缺点而设计的先进预算方法有(　　)。

A. 固定预算
B. 弹性预算

C. 滚动预算      D. 零基预算

E. 定期预算

## 三、判断题

1. 企业在编制零基预算时,需要以现有的费用项目为依据,但不以现有的费用水平为基础。 （　　）

2. 滚动预算能够使预算期间与会计年度相配合,便于考核预算的执行结果。 （　　）

3. 预计生产量＝预计销售量＋预计期末产成品存货量－预计期初产成品存货量。
（　　）

4. 滚动预算又称滑动预算。 （　　）

5. 短期决策预算属于业务预算体系,而长期决策预算一般不纳入业务预算体系。
（　　）

6. 直接人工预算是以销售预算为基础编制的。 （　　）

7. 专门决策预算的内容既要包括资金投资支出计划,也要包括相应的筹资计划,它同时也是编制现金预算和资产负债表预算的依据。 （　　）

8. 销售预算、生产预算等其他预算的编制,要以现金预算的编制为基础。 （　　）

9. 在编制制造费用预算时,需要将固定资产折旧从固定制造费用中扣除。 （　　）

10. 生产预算是以实物量作为计量单位的预算。 （　　）

11. 概率预算反映了各预定指标在企业实际经营过程中可能发生的变化。 （　　）

12. 企业编制零基预算,需要以现有的费用项目为依据,但不以现有费用水平为基础。
（　　）

13. 专门决策预算一般情况下,预算数要纳入日常业务预算和现金预算。 （　　）

14. 零基预算一般要对各项预算方案开展成本-效益分析。 （　　）

15. 相对于固定预算而言,弹性预算可以使业绩控制和考评建立在更加现实和可比的基础上。 （　　）

16. 虽然费用有变动和固定之分,但在编制制造费用预算时并没有必要采用不同的编制方法。 （　　）

17. 产品成本预算需要在生产预算、直接材料预算、直接人工预算和制造费用预算的基础上编制。 （　　）

18. 经营决策预算是指与项目投资决策密切相关的专门决策预算。 （　　）

19. 预计资产负债表和预计利润表构成了整个财务预算。 （　　）

20. 预算委员会应由企业全体财务人员组成。 （　　）

## 四、计算分析题

1. 某工厂期初存货 300 件,本期预计销售 600 件。

要求:如果预计期末存货 400 件,本期应生产多少件?

2. 假设 A 公司只生产一种产品,销售单价为 220 元,预算年度内四个季度的销售量经测算分别为 150 件、200 件、250 件和 300 件。根据以往经验,销货款在当季可收到 70%,下一季度可收到剩余的 30%。预计预算年度第一季度可收回上一年第四季度的应收账款 20 000 元。

要求:计算本年各季度销售活动的现金收入。

3. 某企业现着手编制202×年6月的现金收支计划。预计202×年6月初现金余额为8 000元,月初应收账款4 000元,预计月内可收回80%;本月销货50 000元,预计月内收款比率为50%;本月采购材料8 000元,预计月内付款70%;月初应付账款余额为5 000元须在月内全部付清;月内以现金支付工资8 400元;本月制造费用等间接费用付现16 000元,其他经营性现金支出900元,购买设备支付现金10 000元。企业现金不足时,可向银行借款,借款金额为1 000元的倍数;现金多余时可购买有价证券。要求月末现金余额不低于5 000元。

要求:

(1) 计算经营现金收入;

(2) 计算经营现金支出;

(3) 计算现金余缺;

(4) 确定最佳现金筹措或运用数额;

(5) 确定202×年6月末的现金余额。

4. 五星公司202×年有关预算资料如下。

(1) 预计该企业6—10月份的销售收入分别为40 000万元、50 000万元、60 000万元、70 000万元、80 000万元。每月销售收入中,当月回收30%现金,下月收到70%现金。

(2) 各月直接材料采购成本按下一个月销售收入的60%计算。所购材料款于当月支付现金50%,下月支付现金50%。

(3) 预计该企业7—9月份的制造费用分别为4 000万元、4 500万元、4 200万元,每月制造费用中包括折旧费1 000万元。

(4) 预计该企业7月份购置固定资产,需要现金15 000万元。

(5) 企业在3月末有长期借款20 000万元,利息率为15%。

(6) 预计该企业在现金有余缺时利用短期借款进行调剂,不足时,向银行申请短期借款(为100万元的整数倍);现金有多余时归还银行短期借款(为100万元的整数倍)。借款在期初,还款在期末,借款年利率为12%。

(7) 预计该企业理想的期末现金余额为6 000万元,长期借款利息每季度末支付一次,短期借款利息还本时支付,其他资料见现金预算表(表8-1)。

表8-1　五星公司现金预算表　　　　单位:万元

| 月份 | 7 | 8 | 9 |
|---|---|---|---|
| 期初现金余额 | 7 000 | | |
| 经营性现金收入 | | | |
| 经营性现金支出: | | | |
| 直接材料 | | | |
| 直接人工 | 2 000 | 3 500 | 2 800 |
| 制造费用 | | | |
| 其他付现费用 | 800 | 900 | 750 |
| 预交所得税 | | | 8 000 |

表 8-1(续)

| 月份 | 7 | 8 | 9 |
|---|---|---|---|
| 资本性现金支出 | | | |
| 现金余缺 | | | |
| 支付利息 | | | |
| 取得短期借款 | | | |
| 归还短期借款 | | | |
| 期末现金余额 | | | |

要求:根据以上资料,为五星公司编制 7—9 月份现金预算表。

5. 已知:甲企业 202×年度制造费用的明细项目如下。间接人工:基本工资为 3 000 元,另外每工时补助津贴为 0.1 元;物料费:每工时负担 0.15 元;折旧费:5 000 元;维护费:固定的维护费为 2 000 元,另外每工时负担 0.08 元;水电费:固定部分为 1 000 元,另外每工时负担 0.2 元。

要求:根据上述资料为该企业在生产能量为 3 000~6 000 工时的相关范围内,采用该列表法编制一套能适应多种业务量的制造费用弹性预算。(间隔为 1 000 工时)

6. 已知:某企业 202×年现金预算部分数据见表 8-2,假定该企业各季末的现金余额不得低于 6 000 元。

表 8-2 202×年度现金预算 单位:元

| 项目 | 第一季度 | 第二季度 | 第三季度 | 第四季度 | 全年 |
|---|---|---|---|---|---|
| 期初现金余额 | 9 000 | G | N | W | $F_1$ |
| 加:现金收入 | A | 94 000 | 120 000 | X | 406 500 |
| 可动用现金合计 | 89 000 | H | P | 119 500 | $G_1$ |
| 减:现金支出 | | | | | |
| 　直接材料 | B | 55 000 | 60 000 | 45 000 | $H_1$ |
| 　制造费用 | 34 000 | 30 000 | Q | Y | 130 000 |
| 　销售费用 | 2 000 | 3 000 | R | 4 500 | 13 500 |
| 　购置设备 | 10 000 | 12 000 | 10 000 | Z | 45 000 |
| 　支付股利 | 3 000 | 3 000 | 3 000 | 3 000 | $J_1$ |
| 现金支出合计 | C | I | S | $A_1$ | $K_1$ |
| 现金余缺 | (6 000) | J | 13 000 | $B_1$ | $L_1$ |
| 现金筹集与应用 | | | | | |
| 　银行借款(期初) | D | K | — | — | $M_1$ |
| 　归还本息(期末) | — | — | T | $C_1$ | $N_1$ |
| 　现金筹集与运用合计 | E | L | U | $D_1$ | $P_1$ |
| 期末现金合计 | F | M | V | 8 000 | $Q_1$ |

要求:计算填列现金预算表中用个字母表示的项目数据。

## 五、简答题

1. 试述全面预算的基本内容及其结构体系。
2. 简要说明全面预算的作用。
3. 简述现金预算的内容。
4. 简要说明弹性预算的概念及其主要特点。

## 六、拓展题

结合本章思政元素,请编写一则相关案例或者撰写一篇相关小论文,字数不少于300字。

## 【参考答案】

### 一、单项选择题

| 题号 | 1 | 2 | 3 | 4 | 5 | 6 | 7 | 8 | 9 | 10 |
|------|---|---|---|---|---|---|---|---|---|----|
| 答案 | D | B | A | A | D | B | D | C | C | B |
| 题号 | 11 | 12 | 13 | 14 | 15 | 16 | 17 | 18 | 19 | 20 |
| 答案 | A | C | B | B | D | B | B | D | A | B |

### 二、多项选择题

| 题号 | 1 | 2 | 3 | 4 | 5 | 6 | 7 | 8 | 9 | 10 |
|------|---|---|---|---|---|---|---|---|---|----|
| 答案 | ABD | ABD | ACD | ACD | ABCD | ABCD | ACD | ABC | AB | ABCD |
| 题号 | 11 | 12 | 13 | 14 | 15 | 16 | 17 | 18 | 19 | 20 |
| 答案 | ABCDE | BCD | ACDE | BCD | BDE | ABCD | ABC | AD | CD | BCD |

### 三、判断题

| 题号 | 1 | 2 | 3 | 4 | 5 | 6 | 7 | 8 | 9 | 10 |
|------|---|---|---|---|---|---|---|---|---|----|
| 答案 | × | × | √ | × | × | √ | × | √ | √ | √ |
| 题号 | 11 | 12 | 13 | 14 | 15 | 16 | 17 | 18 | 19 | 20 |
| 答案 | √ | × | × | √ | √ | × | √ | × | × | × |

### 四、计算分析题

1. 解:

本期生产量＝400＋600－300＝700(件)

2. 解:

第一季度现金收入＝20 000＋220×150×70％＝43 100(元)

第二季度现金收入＝220×150×30％＋220×200×70％＝40 700(元)

第三季度现金收入＝220×200×30％＋220×250×70％＝51 700(元)

第四季度现金收入＝220×250×30％＋220×300×70％＝62 700(元)

3. 解:

(1) 4 000×80％＋50 000×50％＝28 200(元)

(2) 8 000×70％＋5000＋8 400＋16 000＋900＝35 900(元)

(3) 8 000＋28 200－(35 900＋10 000)＝－9 700(元)

(4) 银行借款:5 000＋10 000＝15 000(元)

(5) 15 000－9 700＝5 300(元)

4. 解:

(1) 经营性现金收入

7 月:50 000×30％＋40 000×70％＝43 000(万元)

8 月:60 000×30％＋50 000×70％＝53 000(万元)

9 月:70 000×30％＋60 000×70％＝63 000(万元)

(2) 直接材料采购成本

6 月:50 000×60％＝30 000(万元)

7 月:60 000×60％＝36 000(万元)

8 月:70 000×60％＝42 000(万元)

9 月:80 000×60％＝48 000(万元)

直接材料采购现金支出 7 月:36 000×50％＋30 000×50％＝33 000(万元)

直接材料采购现金支出 8 月:42 000×50％＋36 000×50％＝39 000(万元)

直接材料采购现金支出 9 月:48 000×50％＋42 000×50％＝45 000(万元)

(3) 制造费用支出

现金预算是收付实现制,由于企业计提的折旧费属于非付现成本,没有实际的现金流出,应该在制造费用支出中用制造费用扣除折旧费。

制造费用现金支出 7 月:4 000－1 000＝3 000(万元)

制造费用现金支出 8 月:4 500－1 000＝3 500(万元)

制造费用现金支出 9 月:4 200－1 000＝3 200(万元)

(4) 7 月现金余额

现金余缺 7 月:7 000＋43 000－33 000－2 000－3 000－800－15 000＝－3 800(万元)

借款额 7 月:－3 800＋借款额≥6 000,则借款额≥9 800,则借款额＝9 800 万元。

7 月末现金余额＝－3 800＋9 800＝6 000(万元)

(5) 8 月现金余额

现金余缺 8 月:6 000＋53 000－39 000－3 500－3 500－900＝12 100(万元)

还款额 8 月:12 100－还款额×12％×2/12－还款额≥6 000,还款额≤5 980.39,取整,还款额＝5 900 万元。

8 月末现金余额＝12 100－5 900×(1＋12％×2/12)＝6 082(万元)

(6) 9 月现金余额

现金余缺 9 月:6 082+63 000−45 000−2 800−3 200−750−8 000=9 332(万元)

还款额 9 月:9 332−20 000×15%×3/12−还款额×12%×3/12−还款额≥6 000,还款额≤2 506.8,取整还款额=2 500 万元。

9 月末现金余额=9 332−20 000×15%×3/12−2 500×(1+12%×3/12)=6 007(万元)

因此,五星公司 7—9 月份现金预算表如表 8-3 所示:

### 表 8-3　五星公司现金预算表　　　　　　单位:万元

| 月份 | 7 | 8 | 9 |
|---|---|---|---|
| 期初现金余额 | 7 000 | 6 000 | 6 082 |
| 经营性现金收入 | 43 000 | 53 000 | 63 000 |
| 经营性现金支出: | | | |
| 　直接材料 | 33 000 | 39 000 | 45 000 |
| 　直接人工 | 2 000 | 3 500 | 2 800 |
| 　制造费用 | 4 000−1 000=3 000 | 4 500−1 000=3 500 | 4 200−1 000=3 200 |
| 　其他付现费用 | 800 | 900 | 750 |
| 　预交所得税 | | | 8 000 |
| 资本性现金支出 | 15 000 | | |
| 现金余缺 | −3 800 | 12 100 | 9332 |
| 支付利息 | | 5 900×12%×2/12=118 | 825 |
| 取得短期借款 | 9 800 | | |
| 归还短期借款 | | 5 900 | 2 500 |
| 期末现金余额 | 6 000 | 6 082 | 6 007 |

5. 解:

依题意编制的制造费用弹性预算(表 8-4)。

### 表 8-4　制造费用弹性预算　　　　　　单位:元

| 直接人工工时 | 3 000 工时 | 4 000 工时 | 5 000 工时 | 6 000 工时 |
|---|---|---|---|---|
| 变动性制造费用 | | | | |
| 　间接人工 | 300 | 400 | 500 | 600 |
| 　物料费 | 450 | 600 | 750 | 900 |
| 　维护费 | 240 | 320 | 400 | 480 |
| 　水电费 | 600 | 800 | 1 000 | 1 200 |
| 固定性制造费用 | | | | |
| 　间接人工 | 3 000 | 3 000 | 3 000 | 3 000 |
| 　折旧费 | 5 000 | 5 000 | 5 000 | 5 000 |
| 　维护费 | 2 000 | 2 000 | 2 000 | 2 000 |
| 　水电费 | 1 000 | 1 000 | 1 000 | 1 000 |
| 制造费用合计 | 12 590 | 13 120 | 13 650 | 14 180 |

6. 解:

依题意填列 202×年度现金预算(表 8-5)。

表 8-5 20××年度现金预算                单位:元

| 项目 | 第一季度 | 第二季度 | 第三季度 | 第四季度 | 全年 |
|---|---|---|---|---|---|
| 期初现金余额 | 9 000 | G=6 000 | N=6 000 | W=7 000 | $F_1$=9 000 |
| 加:现金收入 | A=80 000 | 94 000 | 120 000 | X=112 500 | 406 500 |
| 可选用现金合计 | 89 000 | H=100 000 | P=126 000 | 119 500 | $G_1$=415 500 |
| 减:现金支出 | | | | | |
| 直接材料 | B=46 000 | 55 000 | 60 000 | 45 000 | $H_1$=206 000 |
| 制造费用 | 34 000 | 30 000 | Q=36 000 | Y=30 000 | 130 000 |
| 销售费用 | 2 000 | 3 000 | R=4 000 | 4 500 | 13 500 |
| 购置设备 | 10 000 | 12 000 | 10 000 | Z=13 000 | 45 000 |
| 支付股利 | 3 000 | 3 000 | 3 000 | 3 000 | $J_1$=12 000 |
| 现金支出合计 | C=95 000 | I=103 000 | S=113 000 | $A_1$=95 500 | $K_1$=406 500 |
| 现金余额 | (6 000) | J=(3 000) | 13 000 | $B_1$=24 000 | $L_1$=9 000 |
| 现金筹集与运用 | | | | | |
| 银行借款(期初) | D=12 000 | K=9 000 | — | — | $M_1$=21 000 |
| 归还本息(期末) | — | — | T=6 000 | $C_1$=16 000 | $N_1$=22 000 |
| 现金筹集与运用合计 | E=12 000 | L=9 000 | U=(6 000) | $D_1$=(16000) | $P_1$=(1 000) |
| 期末现金合计 | F=6 000 | M=6 000 | V=7 000 | 8 000 | $Q_1$=8 000 |

## 五、简答题

1. 答:全面预算是由一系列预算构成的体系,各预算之间相互联系,是一个有机联系的主体。全面预算一般包括经营预算、专门决策预算和财务预算三类。企业一般是按照以销定产的经营思路,所以销售预算是全面预算的开始,然后根据销售预算和企业存货政策编制生产预算,再根据生产预算编制直接材料预算、直接人工预算、制造费用预算、产品成本预算,再编制销售和管理费用预算、专门决策预算,最后编制财务预算。

2. 答:全面预算的作用体现在预算管理对象的全方位。预算对其他手段的全面运用以及企业所有部门、人员等全员参与,主要体现在:第一,明确各部门目标,规定了企业一定时期内企业内部各部门的具体工作目标和任务。第二,协调部门工作,各个部门为了组织的总体利益自觉调整自身的工作目标,相互支撑、相互协调,减少企业内部因矛盾而产生的不必要的成本。第三,控制日常活动,在预算执行过程中,各职能部门的经济活动应经常与预算进行比较和分析,及时提供实际偏离预算的差异额并分析其原因,然后采取有效措施,确保目标的完成。第四,考核工作业绩,在生产经营过程中,把实际同预算进行对比,考核和分析实际成本同预算之间的差异,有助于促进各有关方面及时采取有效措施,消除薄弱环节。第五,促进精细化管理。

3. 答:现金预算是以经营预算和专门决策预算为编制依据的,是用来反映预算期内由于经营和资本支出等原因而引起的一切现金收支及其结果的预算。现金预算一般由现金收入、现金支出、现金多余和不足以及资金的筹集与运用等四个部分组成。现金收入包括期初现金余额和当期预计现金收入。现金支出包括原材料、人工、制造费用和管理费用各项预算中的支出等。现金多余与不足根据现金余缺情况可采用适当的融资方式来调剂余缺。根据预算期内现金收支的差额和企业有关资金管理的各项政策,确定筹集和运用资金的数额。

4. 答:弹性预算亦称变动预算,是在成本形态的基础上,依据业务量、成本和利润之间的联动关系,按照预算期内可预见的多种生产经营或业务量水平分别确定相应数据而编制的预算方法。弹性预算和固定预算相比,它适用于变化的市场情况,在不同的业务量下都可以较为有效地用来控制和考核各种经济活动,所以适用于业务量水平经常变动的企业。

按照与特定业务量水平编制的固定预算法相比,其基本特征是:它按预算内某一相关范围内的可预见的多种业务活动水平确定不同的预算额,也可按实际业务活动水平调整其预算额;将实际指标与实际业务量相应的预算额进行对比,并据以进行业绩评价、考核。

## 六、拓展题

答案略。

# 第九章　标准成本控制

## 【思维导图】

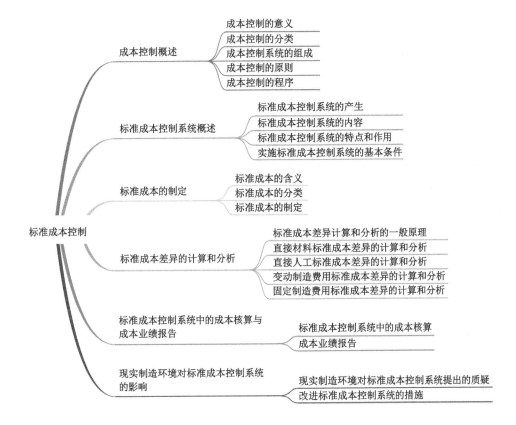

## 【学习指导】

### 一、学习目的和要求

通过对本章的学习,一方面理解和掌握标准成本的含义与种类,另一方面理解和掌握标准成本制度的三个方面内容:制定标准成本、计算与分析成本差异以及标准成本的账务处理;

### 二、学习重点

(1) 理解标准成本控制系统的内容、特点、作用,以及实施标准成本控制系统的基本条件；

（2）掌握标准成本的含义、分类和制定方法；

（3）掌握标准成本差异的计算和分析方法。

## 三、学习难点

（1）固定制造费用标准成本差异的计算与分析；

（2）现实制造环境对标准成本控制系统提出的质疑和挑战，以及改进标准成本控制系统的措施。

## 【章节练习】

### 一、单项选择题

1. 将广义的成本控制区分为前馈性成本控制、防护性成本控制和反馈性成本控制所依据的分类标志是（　　）。

 A. 成本控制的时间       B. 成本控制的原理

 C. 成本控制的手段       D. 成本控制的对象

2. 将广义的成本控制区分为产品成本控制和质量成本控制所依据的分类标志是（　　）。

 A. 成本控制的时间       B. 成本控制的原理

 C. 成本控制的手段       D. 成本控制的对象

3. 在日常实施成本全面控制的同时，应有选择地分配人力、物力和财力，抓住那些重要的、不正常的、不符合常规的关键性成本差异作为控制重点，该项成本控制原则是指（　　）。

 A. 全面控制原则       B. 责权利相结合原则

 C. 讲求效益原则       D. 例外管理原则

4. 在下列各项中，属于标准成本控制系统前提和关键的是（　　）。

 A. 标准成本的制定       B. 成本差异的计算

 C. 成本差异的分析       D. 成本差异的账务处理

5. 与预算成本不同，标准成本是一种（　　）。

 A. 总额的概念       B. 单位成本的概念

 C. 历史成本       D. 实际成本

6. 在实际工作中得到最广泛采用的标准成本是（　　）。

 A. 基本的标准成本       B. 理想的标准成本

 C. 正常的标准成本       D. 以上三个都不对

7. 下列直接材料用量差异中应该由供应部门负责的是（　　）。

 A. 材料浪费       B. 不能合理下料

 C. 不能修旧利废       D. 质量不合格

8. 下列直接材料价格差异中应该由生产部门负责的是（　　）。

 A. 贪图便宜购进劣质材料      B. 为吃回扣购进高价材料

 C. 时间充裕但采用不当的运输方式    D. 因未及时提供用料计划导致仓促订货

9. 直接人工效率差异的计算公式是（　　）。

A. 效率差异＝(实际工时－标准工时)×标准工资率

B. 效率差异＝(实际工时－标准工时)×实际工资率

C. 效率差异＝(实际工资率－标准工资率)×实际工时

D. 效率差异＝(实际工资率－标准工资率)×标准工时

10. 直接人工工资率差异的计算公式是(　　)。

A. 工资率差异＝(实际工时－标准工时)×标准工资率

B. 工资率差异＝(实际工时－标准工时)×实际工资率

C. 工资率差异＝(实际工资率－标准工资率)×实际工时

D. 工资率差异＝(实际工资率－标准工资率)×标准工时

11. 固定制造费用差异中生产能力利用差异的计算公式为(　　)。

A. 生产能力利用差异＝(实际工时－标准工时)×标准分配率

B. 生产能力利用差异＝(预计应完成的总工时－实际工时)×标准分配率

C. 生产能力利用差异＝(实际工时－预计应完成的总工时)×标准分配率

D. 生产能力利用差异＝(预计应完成的总工时－标准工时)×标准分配率

12. 下列可能导致出现直接人工工资率差异的因素是(　　)。

A. 安排技术不熟练的工人去做复杂的工作

B. 把技术熟练、工资水平较高的工人安排在不需要高技术的工作岗位上

C. 采购了不适用的材料

D. 工人在工作中消极怠工

13. 在确定产品标准成本时,确定数量标准的部门是(　　)。

A. 会计部门　　　　　　　　　B. 采购部门

C. 劳动部门　　　　　　　　　D. 工程技术部门

14. 固定制造费用的实际金额与预算金额之间的差异称为(　　)。

A. 预算差异　　　　　　　　　B. 效率差异

C. 能量差异　　　　　　　　　D. 生产能力利用差异

15. 如果标准工时为 80 小时,实耗 100 小时,标准工资率每小时 5 元,实际工资率每小时 3 元,则人工效率差异应为(　　)。

A. 100 元(有利差异)　　　　　B. 200 元(有利差异)

C. 100 元(不利差异)　　　　　D. 60 元(不利差异)

16. 无论是哪个成本项目,在制定标准成本时,都需要分别确定两个标准,两者相乘即为每一个成本项目的标准成本,这两个标准是(　　)。

A. 价格标准和用量标准　　　　B. 价格标准和质量标准

C. 历史标准和用量标准　　　　D. 历史标准和质量标准

17. 在标准成本控制系统中,成本差异是指在一定时期内生产一定数量的产品所发生的(　　)。

A. 实际成本与标准成本之差　　B. 实际成本与计划成本之差

C. 预算成本与标准成本之差　　D. 预算成本与实际成本之差

18. 某企业甲产品消耗直接材料,其中 A 材料价格标准为 3 元/千克,数量标准为 5 千克/件,B 材料价格标准为 4 元/千克,数量标准为 10 千克/件,则甲产品消耗直接材料

的标准成本为(　　)。

A. 15 元
B. 40 元
C. 55 元
D. 65 元

## 二、多项选择题

1. 按成本控制的手段分类,可将成本控制分为(　　)。

A. 前馈性成本控制
B. 防护性成本控制
C. 反馈性成本控制
D. 绝对成本控制
E. 相对成本控制

2. 下列各项中,应纳入成本全过程控制内容的有(　　)。

A. 产品设计阶段
B. 试制阶段
C. 生产阶段
D. 销售阶段
E. 售后服务阶段

3. 要实现成本的全面控制原则,必须做到(　　)。

A. 全员控制
B. 全过程控制
C. 全方位控制
D. 全社会控制
E. 全行业控制

4. 下列各项中,属于成本控制原则的有(　　)。

A. 全面控制原则
B. 责权利相结合的原则
C. 讲求效益原则
D. 例外管理原则
E. 客观性原则

5. 在实务中,贯彻成本控制的例外管理原则时,确定"例外"的标准通常可考虑的标志有(　　)。

A. 重要性
B. 一贯性
C. 可控性
D. 普遍性
E. 特殊性

6. 下列各项中,属于标准成本控制系统构成内容的有(　　)。

A. 标准成本的制定
B. 成本差异的计算与分析
C. 成本差异的账务处理
D. 成本差异的分配
E. 成本预算的编制

7. 成本控制的程序是指实施成本控制需要依次经过的步骤,通常包括(　　)。

A. 确定成本控制的目标或标准
B. 分解落实控制的目标
C. 计算并分析成本差异
D. 进行质量成本控制
E. 进行考核评价

8. 单位产品标准工时包括的内容有(　　)。

A. 对产品直接加工的时间
B. 必要的间歇时间
C. 必要的停工时间
D. 不可避免的废品所耗用的时间
E. 可避免的废品所耗用的时间

9. 下列直接材料用量差异中应该由生产部门负责的有(　　)。

A. 材料浪费　　　　　　　　　　B. 不能合理下料

C. 不能做到综合利用　　　　　　D. 不能修旧利废

E. 质量不合格

10. 下列属于价格差异性质的有（　　　）。

A. 直接材料价格差异　　　　　　B. 直接人工效率差异

C. 直接人工工资率差异　　　　　D. 变动制造费用耗费差异

E. 变动制造费用效率差异

11. 固定制造费用差异可以分解为（　　　）。

A. 用量差异　　　　　　　　　　B. 价格差异

C. 预算差异　　　　　　　　　　D. 效率差异

E. 生产能力利用差异

12. 下列项目中属于成本差异中的"价格"要素的是（　　　）。

A. 材料单价　　　　　　　　　　B. 小时工资率

C. 固定性制造费用预算额　　　　D. 变动性制造费用分配率

13. 影响直接人工成本差异的主要原因是（　　　）。

A. 劳动生产率的变化　　　　　　B. 产品工艺过程的改进

C. 工资级别的调整　　　　　　　D. 工种调配的改变

14. 下列各项中,能够导致出现材料价格差异的原因有（　　　）。

A. 材料质量差,废料过多　　　　B. 材料采购计划编制不准确

C. 材料调拨价格或市场价格的变动　D. 因临时紧急进货,使买价和运输费上升

E. 机器设备效率增减,使材料耗用量发生变化

15. 在标准成本系统中,可将变动性制造费用成本差异分解为以下内容,包括（　　　）。

A. 耗费差异　　　　　　　　　　B. 预算差异

C. 开支差异　　　　　　　　　　D. 效率差异

E. 用量差异

## 三、判断题

1. 广义成本控制是指对产品成本生产阶段全过程的控制。　　　　　　　　（　　　）

2. 成本控制按其控制时期可分为经营期成本控制和使用寿命期成本控制。　（　　　）

3. 按照例外原则,那些具有重要性、一贯性、可控性或特殊性特征的成本差异属于例外项目。　　　　　　　　　　　　　　　　　　　　　　　　　　　　（　　　）

4. 全面成本控制原则就是要求进行全过程控制。　　　　　　　　　　　　（　　　）

5. 标准成本与预算成本都是一种预定的成本目标,两者在本质上是相同的。（　　　）

6. 理想标准成本是以现有生产经营条件处于最佳状态为基础确定的标准成本,因而它最适宜成为现行标准成本。　　　　　　　　　　　　　　　　　　　　（　　　）

7. 由于有利差异是实际成本低于标准成本而形成的节约额,因而,有利差异应越大越好。　　　　　　　　　　　　　　　　　　　　　　　　　　　　　　　（　　　）

8. 数量差异是用量差与实际价格的乘积。　　　　　　　　　　　　　　　（　　　）

9. 固定性制造费用生产能力利用差异反映的是计划生产能力的利用程度,如果应耗用

的标准小时数等于预计小时数,就不存在生产能力利用差异。 （ ）

10. 混合差异是指将总差异扣除所有纯差异后的剩余差异,它等于价格差与用量差之积。 （ ）

11. 在标准成本控制系统中,计算价格差异的用量基础是实际产量下的标准耗用量。

（ ）

12. 单位产品任何一项成本的标准成本都应等于该项目的价格标准与标准用量的乘积。 （ ）

13. 在标准成本制度下,为简化计算,不单独计算混合差异,而是将其直接归并于某项差异。 （ ）

14. 在标准成本控制系统中,对超支差贷记有关的差异账户,节约差则借记相应账户,相应的生产费用账户按标准成本予以登记。 （ ）

15. 在期末成本差异账务处理方法中,将本期的各类差异按照标准成本的比例在期末存货本期销货之间进行分配,从而将存货成本和销货成本调整为实际成本的方法,叫做递延法。 （ ）

## 四、计算分析题

1. 已知某企业生产 A 产品,有关资料如下:

(1) 生产 A 产品,耗用甲、乙两种材料。其中甲材料标准价格为 20 元/千克,乙材料标准价格为 32 元/千克。单位产品耗用甲材料标准为 5 千克,乙材料为 9 千克。

(2) 甲产品单位标准工时为 13 小时,直接人工标准工资率为 7.5 元。

(3) 固定性制造费用预算数为 61 000 元;变动性制造费用预算数为 38 000 元。标准总工时数为 10 000 小时。

要求:制定 A 产品的标准成本。

2. M 产品本期标准产量为 100 台,每台标准工时为 9 小时,直接材料标准耗用量为 10 千克,直接材料标准单价为 10,本期固定性制造费用预算为 4 500 元。本期实际产量为 120 台,每台实际工时为 10 小时,实际耗用材料 1 250 千克,直接材料成本为 13 750 元,实际发生固定性制造费用 4 200 元。

要求:

(1) 计算直接材料成本差异;

(2) 采用三差异法计算固定性制造费用成本差异。

3. 某公司生产 A 产品,有关直接材料和直接人工的标准成本资料如表 9-1 所示:

表 9-1 直接材料和直接人工的标准成本

| 成本项目 | 价格标准 | 用量标准 |
| --- | --- | --- |
| 直接材料 | 1.5 元/千克 | 6 千克/件 |
| 直接人工 | 8 元/小时 | 0.5 小时/件 |

本月实际发生的业务如下:

(1) 购进直接材料 21 000 千克,实际支付 34 650 元;

(2) 所购材料全部用于生产,共生产 A 产品 3 400 件;

(3) 本期共耗用人工 1 600 工时,支付工资成本 13 000 元。

要求:

(1) 计算本月份直接材料价格差异与用量差异;

(2) 计算本月份直接人工工资率差异与人工效率差异。

4. 已知:某企业根据以下资料制定甲产品耗用材料的标准成本见表 9-2。

表 9-2　甲产品消耗直接材料资料

| 标准 | A 材料 | B 材料 | C 材料 |
|---|---|---|---|
| 预计发票单价(元/千克) | 15 | 50 | 23 |
| 装卸检验等成本(元/千克) | 1 | 2 | 0.5 |
| 小计 | 16 | 52 | 23.5 |
| 材料设计用量(千克/件) | 30 | 15 | 40 |
| 允许损耗量(千克/件) | 0.5 | 1 | 0 |
| 小计 | 30.5 | 16 | 40 |

202×年 3 月,该企业实际购入 A 材料 2 600 千克,其中生产甲产品领用 2 500 千克,采购材料时实际支付 39 000 元,本期生产出甲产品 80 件。

要求:

(1) 确定甲产品直接材料的标准成本;

(2) 计算 A 材料的总差异和分差异。

5. 已知:某企业生产一种产品,其变动性制造费用的标准成本为 24 元/件(8 元/小时×3 小时/件)。本期实际产量为 1 300 件,发生实际工时为 4 100 小时,变动性制造费用总差异为 -40 元,属于节约差。

要求:

(1) 计算实际发生的变动性制造费用;

(2) 计算变动性制造费用效率差异;

(3) 计算变动性制造费用耗费差异。

6. 某厂月正常生产能力为 5 000 人工小时,本月实际产量为 800 单位。有关资料见表 9-3。

表 9-3　有关资料

| 项目 | 标准用量 | 标准单价 | 标准成本 | 实际用量 | 实际单价 | 实际成本 |
|---|---|---|---|---|---|---|
| 直接材料 | 0.1 千克 | 150 元 | 15 元 | 0.11 千克 | 140 元 | 15.4 元 |
| 直接人工 | 5 小时 | 4 元 | 20 元 | 5.5 小时 | 3.9 元 | 21.45 元 |
| 变动性制造费用 | 5 000 元(预算) | | | 4 800 元(实际) | | |
| 固定性制造费用 | 6 000 元(预算) | | | 5 000 元(实际) | | |

要求:

（1）计算直接材料成本差异；

（2）计算直接人工成本差异；

（3）计算变动性制造费用成本差异；

（4）采用三差异法计算固定性制造费用成本差异。

7. 某企业的月正常生产能力为 1 000 直接人工小时，一个月的固定性制造费用预计为 6 000 元，变动性制造费用预计为 9 500 元。四月份的有关数据如下：

| | |
|---|---|
| 采购材料 | 20 000 千克 |
| 直接人工费用 | 3 600 元 |
| 总的人工差异 | 500 元（有利差异） |
| 实际的平均工资率 | 4.8 元/小时（低于标准工资率 0.2 元） |
| 变动性制造费用 | 6 675 元 |
| 直接材料价格差异 | 200 元（有利差异） |
| 直接材料数量差异 | 610 元（有利差异） |
| 材料采购价格 | 0.6 元/千克 |
| 所耗材料 | 1 500 千克 |
| 实际固定性制造费用 | 7 200 元 |

要求：试用上述资料求出所有的成本差异。

8.（1）某企业制造某产品费用，上年度有关成本资料如下：

| | |
|---|---|
| 单位产品直接材料标准成本 | 180 元 |
| 单位产品直接人工标准成本 | 120 元 |
| 单位产品变动性制造费用标准成本 | 80 元 |
| 年固定性制造费用预算数 | 450 000 元 |
| 年销售管理费用预算数 | 200 000 元 |

（2）上年度生产某产品 15 000 台，销售 14 000 台，无期初存货，产品单位售价 500 元。经核算，该产品的成本差异情况如表 9-4 所示。

表 9-4　该产品的成本差异情况　　　　　　　　　　　　　　　　单位：元

| 差异名称 | 不利差异 | 有利差异 |
|---|---|---|
| 直接材料价格差异 | 2 000 | |
| 直接材料数量差异 | 1 000 | |
| 直接人工工资率差异 | 1 500 | |
| 直接人工效率差异 | | 2 500 |
| 变动性制造费用耗费差异 | 1 200 | |
| 变动性制造费用效率差异 | 3 500 | |
| 固定性制造费用耗费差异 | 1 500 | |
| 固定性制造费用数量差异 | 2 800 | |
| 销售管理费用价格差异 | 1 000 | |
| 销售管理费用数量差异 | | 1 200 |
| 合计 | 8 200 | 10 000 |

要求:分别用完全成本法和变动成本法编制企业的损益表。

9. 已知:某企业生产一种产品,相关成本资料见表9-5和表9-6。

**表 9-5 直接材料相关资料表** 价值单位:元

| 材料品名 | 标准成本 | | | 实际成本 | | | 差异 |
|---|---|---|---|---|---|---|---|
| | 耗用量/件 | 单价 | 金额 | 耗用量/件 | 单价 | 金额 | |
| 甲 | 1 000 | 10 | 10 000 | 1 200 | 11 | 13 200 | +3 200 |
| 乙 | 2 000 | 6 | 12 000 | 2 100 | 5 | 10 500 | −1 500 |
| 合计 | | | 22 000 | | | 23 700 | +1 700 |

**表 9-6 制造费用相关资料表** 价值单位:元

| 项目 | 预算数(工时 6 000) | | 实际产量标准数(工时 5 000) | 实际数 |
|---|---|---|---|---|
| | 金额 | 分配率 | 金额 | 金额 |
| 变动性制造费用 | 2 400 | 0.4 | 0.4×5 000=2 000 | 2 090 |
| 固定性制造费用 | 4 800 | 0.8 | 0.8×5 000=4 000 | 4 675 |
| 制造费用合计 | 7 200 | 1.2 | 1.2×5 000=6 000 | 6 765 |

要求:

(1) 计算直接材料标准成本差异;

(2) 计算直接材料数量差异和价格差异;

(3) 计算变动性制造费用标准成本差异;

(4) 计算变动性制造费用的效率差异和耗费差异;

(5) 计算固定性制造费用标准成本差异;

(6) 计算固定性制造费用的预算差异和产量差异。

## 五、案例分析题

A 企业只生产一种产品,其产品成本计算采用标准成本计算系统,有关资料如下:

(1) 成本计算账户设置

设置“原材料”“库存商品”“生产成本”等存货账户,均按标准成本计价。

成本差异账户设置 9 个:直接材料价格差异、直接材料数量差异、直接人工工资率差异、直接人工效率差异、变动性制造费用效率差异、变动性制造费用耗费差异、固定性制造费用效率差异、固定性制造费用预算差异、固定性制造费用能力差异。

(2) 费用分配和差异结转方法

原材料在生产开始时一次投入,在产品直接材料成本约当产成品的系数为 1;除直接材料外的其他费用陆续发生,其在产品约当产成品的系数为 0.5。

成本差异采用“结转本期损益法”,在每月末结转“主营业务成本”账户。

(3) 单位产品标准成本

直接材料(5 千克×2 元/千克) 10 元

直接人工(4 小时×4 元/小时) 16 元

| | |
|---|---|
| 变动性制造费用(4 小时×1 元/小时) | 4 元 |
| 固定性制造费用(4 小时×0.8 元/小时) | 3.2 元 |
| 单位产品标准成本 | 33.2 元 |

（4）本月生产及销售情况

| | |
|---|---|
| 生产能力 | 22 000 小时 |
| 月初在产品数量 | 500 件 |
| 本月投产数量 | 5 000 件 |
| 本月完工入库数量 | 4 900 件 |
| 月末在产品数量 | 600 件 |
| 月初产成品数量 | 400 件 |
| 本月销售数量 | 4 600 件 |

（5）有关成本计算的业务数据

月初材料 5 000 千克，本月购入原材料 25 000 千克，实际成本 55 000 元；本月生产领用原材料 25 500 千克。

实际耗用工时 20 000 小时；应付生产工人工资 85 000 元；实际发生变动性制造费用 25 000 元；实际发生固定性制造费用 20 000 元。

要求：

（1）计算购入原材料时所发生的直接材料价格差异，并做账务处理；

（2）计算领用原材料时所产生的直接材料数量差异，并做账务处理；

（3）计算本月发生的直接人工效率差异与工资率差异，并做账务处理；

（4）计算本月发生的变动性制造费用耗费差异和效率差异，并做账务处理；

（5）计算本月发生的固定性制造费用预算差异、效率差异和能力差异，并做账务处理；

（6）填写下列产品成本明细账（表 9-7），并做产品入库的账务处理；

表 9-7　产品成本明细账

单位：元

| 摘要 | 直接材料 | 直接人工 | 变动制造费用 | 固定制造费用 | 合计 |
|---|---|---|---|---|---|
| 月初在产品成本 | | | | | |
| 本月发生生产费用 | | | | | |
| 生产费用累计 | | | | | |
| 完工产品成本 | | | | | |
| 月末在产品成本 | | | | | |

（7）计算月末存货成本，并做产品销售的账务处理；

（8）结转成本差异，完成相应账务处理。

## 六、拓展题

结合本章思政元素，请编写一则相关案例或者撰写一篇相关小论文，字数不少于 300 字。

## 【参考答案】

### 一、单项选择题

| 题号 | 1 | 2 | 3 | 4 | 5 | 6 | 7 | 8 | 9 | 10 |
|------|---|---|---|---|---|---|---|---|---|----|
| 答案 | B | D | D | A | B | C | D | D | A | C |
| 题号 | 11 | 12 | 13 | 14 | 15 | 16 | 17 | 18 | | |
| 答案 | B | B | D | A | C | A | A | C | | |

### 二、多项选择题

| 题号 | 1 | 2 | 3 | 4 | 5 |
|------|---|---|---|---|---|
| 答案 | DE | ABCDE | ABC | ABCD | ABCE |
| 题号 | 6 | 7 | 8 | 9 | 10 |
| 答案 | ABC | ABCE | ABCD | ABCD | ACD |
| 题号 | 11 | 12 | 13 | 14 | 15 |
| 答案 | CDE | ABD | ABCD | BCD | AD |

### 三、判断题

| 题号 | 1 | 2 | 3 | 4 | 5 | 6 | 7 | 8 | 9 | 10 |
|------|---|---|---|---|---|---|---|---|---|----|
| 答案 | × | √ | √ | × | √ | × | × | × | × | √ |
| 题号 | 11 | 12 | 13 | 14 | 15 | | | | | |
| 答案 | × | √ | √ | × | √ | | | | | |

### 四、计算分析题

1. 解：
A 产品的标准成本＝614.2(元/件)

2. 解：
(1) 直接材料数量差异＝500(元)；直接材料价格差异＝1 250(元)
(2) 固定性制造费用预算差异＝－300(元)；固定性制造费用效率差异＝600(元)；固定性制造费用能力差异＝－1 500(元)

3. 解：
(1) 直接材料价格差异＝3 150(元)；直接材料数量差异＝900(元)
(2) 直接人工工资率差异＝200(元)；直接人工效率差异＝－800(元)

4. 解：

(1) 甲产品直接材料的标准成本＝2 260(元/件)；

(2) A材料成本差异＝－1 540(元)；A材料数量差异＝＋960(元)；A材料价格差异＝－2 500(元)

5. 解：

(1) 实际变动性制造费用＝31 160(元)

(2) 变动性制造费用效率差异＝＋1600(元)

(3) 变动性制造费用耗费差异＝－1 640(元)

6. 解：

(1) 直接材料价格差异＝－880(元)；直接材料数量差异＝1 200(元)

(2) 直接人工工资率差异＝－440(元)；直接人工效率差异＝1 600(元)

(3) 变动性制造费用效率差异＝400(元)；变动性制造费用耗费差异＝400(元)

(4) 固定性制造费用效率差异＝480(元)；固定性制造费用能力差异＝720(元)；
固定性制造费用预算差异＝－1 000(元)

7. 解：

直接人工工资率差异＝350(元)；直接人工效率差异＝150(元)；

变动性制造费用效率差异＝－450(元)；变动性制造费用耗费差异＝－665(元)；

固定性制造费用效率差异＝－420(元)；固定性制造费用预算差异＝1 200(元)；

固定性制造费用能力差异＝1 500(元)

8. 解：

用完全成本法和变动成本法编制的损益表分别如表9-8和表9-9所示。

表 9-8　完全成本法损益表　　　　　　　　　　　　　　　　　　　　单位:万元

| | |
|---|---|
| 销售收入 | 700 |
| 减:主营业务成本 | 538.65 |
| 营业毛利 | 161.35 |
| 减:销售管理费用 | 19.98 |
| 营业利润 | 141.37 |

表 9-9　变动成本法损益表　　　　　　　　　　　　　　　　　　　　单位:万元

| | |
|---|---|
| 销售收入 | 700 |
| 减:主营业务成本 | 531.97 |
| 边际贡献 | 168.03 |
| 减:销售管理费用与固定性制造费用 | 65.13 |
| 税前利润 | 102.90 |

9. 解：

(1) 直接材料标准成本差异＝1 700(元)

(2) 直接材料数量差异＝2 600(元)；直接材料价格差异＝－900(元)

（3）变动性制造费用标准成本差异＝90（元）

（4）变动性制造费用效率差异＝200（元）；变动性制造费用耗费差异＝－110（元）

（5）固定性制造费用标准成本差异＝675（元）

（6）固定性制造费用预算差异＝－125（元）；固定性制造费用产量差异＝800（元）

## 五、案例分析题

案例解析：

（1）购入原材料 25 000 千克，实际成本 55 000 元。

实际价格＝55 000/25 000＝2.2（元/千克）

标准成本＝25 000×2＝50 000（元）

实际成本＝25 000×2.2＝55 000（元）

直接材料价格差异＝25 000×（2.2－2）＝5 000（元）（U）

会计分录：

| 借：原材料 | 50 000 |
| 　直接材料价格差异 | 5 000 |
| 　贷：应付账款 | 55 000 |

（2）本月投产 5 000 件，领用材料 25 500 千克。

应耗材料标准成本＝5 000×5×2＝50 000（元）

实际领料标准成本＝25 500×2＝51000（元）

直接材料数量差异＝（25 500－5000×5）×2＝1 000（元）（U）

会计分录：

| 借：生产成本 | 50 000 |
| 　直接材料用量差异 | 1 000 |
| 　贷：原材料 | 51 000 |

（3）直接人工工资：

本月实际耗用工时 20 000 小时，应付生产工人工资 85 000 元，实际平均每小时应付生产工人工资 85 000/2 000＝4.25（元）。

| 借：应付职工薪酬 | 85 000 |
| 　贷：银行存款 | 85 000 |

为了确定应记入"生产成本"账户的标准成本数额，需计算本月实际完成的约当产量。在产品约当完工产品的系数为 0.5，月初在产品 500 件，本月投产 5 000 件，本月完工入库 4 900 件，月末在产品 600 件。

本月完成的约当产量

＝月初在产品产量×（1－完工率）＋本月投产量－月末在产品产量×（1－完工率）

＝500×0.5＋5 000－600×0.5＝4 950（件）

＝月末在产品产量×完工率＋本月完工量－月初在产品产量×完工率

＝600×0.5＋4 900－500×0.5＝4 950（件）

标准成本＝4 950×4×4＝79 200（元）

实际成本＝20 000×4.25＝85 000（元）

直接人工效率差异＝(20 000－4950×4)×4＝800(元)(U)

直接人工工资率差异＝20 000×(4.25－4)＝5 000(元)(U)

会计分录：

| | |
|---|---|
| 借：生产成本 | 79 200 |
| 　直接人工工资率差异 | 5 000 |
| 　直接人工效率差异 | 800 |
| 　贷：应付职工薪酬 | 85 000 |

(4) 变动性制造费用：

本月实际发生变动性制造费用 25 000 元，实际费用分配率为 1.25(25 000÷20 000)元/小时。

| | |
|---|---|
| 借：变动性制造费用 | 25 000 |
| 　贷：各有关账户 | 25 000 |

将其计入产品成本：

标准成本＝4950×4×1＝19 800(元)

实际成本＝20 000×1.25＝25 000(元)

变动性制造费用效率差异＝(20 000－4 950×4)×1＝200(元)(U)

变动性制造费用耗费差异＝20 000×(1.25－1)＝5 000(元)(U)

| | |
|---|---|
| 借：生产成本 | 19 800 |
| 　变动性制造费用耗费差异 | 5 000 |
| 　变动性制造费用效率差异 | 200 |
| 　贷：变动性制造费用 | 25 000 |

(5) 固定性制造费用：

本月实际发生固定性制造费用 20 000 元，实际费用分配率为 1(20 000÷20 000)元/小时。

| | |
|---|---|
| 借：固定性制造费用 | 20 000 |
| 　贷：各有关账户 | 20 000 |

将其计入产品成本：

标准成本＝4 950×4×0.8＝15 840(元)

实际成本＝20 000×1＝20 000(元)

固定性制造费用预算差异＝20 000－22 000×0.8＝2 400(元)(U)

固定性制造费用能力差异＝(22 000－20 000)×0.8＝1600(元)(U)

固定性制造费用效率差异＝(20 000－4 950×4)×0.8＝160(元)(U)

会计分录：

| | |
|---|---|
| 借：生产成本 | 15 840 |
| 　固定性制造费用能力差异 | 1 600 |
| 　固定性制造费用预算差异 | 2 400 |
| 　固定性制造费用效率差异 | 160 |
| 　贷：固定性制造费用 | 20 000 |

(6) 完工产品入库：

本月完工产成品为 4 900 件。

完工产品标准成本＝4 900×33.2＝162 680(元)

会计分录：

借：库存商品 162 680

　　贷：生产成本 162 680

上述分录过账后，"生产成本"账户余额为12 960元，其中材料标准成本6 000(600×10)元，直接人工4 800(600×16×0.5)元，变动性制造费用1200(600×4×0.5)元，固定性制造费用960(600×3.2×0.5)元。

注：本月初在产品存货500件，其标准成本为10 800元。由于原材料一次投入，在产品存货中含原材料成本5 000(500×10)元。其他成本项目采用约当产量法计算，在产品约当完工产品的系数为0.5；500件在产品的其他成本项目共5 800[500×0.5×(16＋4＋3.2)]元。其中直接人工4 000(500×16×0.5)元，变动性制造费用1 000(500×4×0.5)元，固定性制造费用800(500×3.2×0.5)元。本月投产5 000件，完工入库4 900件，月末在产品600件。

生产成本借方金额

＝10 800(月初在产品成本)＋5 000×10(直接材料)＋4 950×16(直接人工)＋4 950×4(变动性制造费用)＋4 950×3.2(固定性制造费用)

＝10 800＋50 000＋79 200＋19 800＋15 840＝175 640(元)

生产成本贷方金额

＝4 900×33.2(完工产品成本)＋12 960(月末在产品成本)＝162 680＋12 960＝175 640(元)

填写下列产品成本明细账(表9-10)：

**表9-10 产品成本明细账** 单位：元

| 摘要 | 直接材料 | 直接人工 | 变动制造费用 | 固定制造费用 | 合计 |
|---|---|---|---|---|---|
| 月初在产品成本 | 5 000 | 4 000 | 1 000 | 800 | 10 800 |
| 本月发生生产费用 | 50 000 | 79 200 | 19 800 | 15 840 | 164 840 |
| 生产费用累计 | 55 000 | 83 200 | 20 800 | 16 640 | 175 640 |
| 完工产品成本 | 49 000 | 78 400 | 19 600 | 15 680 | 162 680 |
| 月末在产品成本 | 6 000 | 4 800 | 1 200 | 960 | 12 960 |

(7) 产品销售：

本月初产成品存货400件，其标准成本为13 280(400×33.2)元；

本月完工入库4 900件，其标准成本为162 680(4 900×33.2)元；

本月销售4 600件，结转已销产品成本＝4 600×33.2＝152 720(元)

会计分录：

借：主营业务成本 152 720

　　贷：库存商品 152 720

上述分录过账后，"库存商品"账户期末余额为23 240元。它反映700件期末存货的标准成本23240(700×33.2)元。

(8) 结转成本差异：

假设本企业采用"结转本期损益法"处理成本差异：

会计分录：

| | | |
|---|---|---|
| 借：主营业务成本 | | 21 160 |
| 贷：直接材料价格差异 | | 5 000 |
| 材料用量差异 | | 1 000 |
| 直接人工工资率差异 | | 5 000 |
| 直接人工效率差异 | | 800 |
| 变动性制造费用耗费差异 | | 5 000 |
| 变动性制造费用效率差异 | | 200 |
| 固定性制造费用闲置能量 | | 1 600 |
| 固定性制造费用耗费差异 | | 2 400 |
| 固定性制造费用效率差异 | | 160 |

## 六、拓展题

答案略。

# 第十章 责任会计

## 【思维导图】

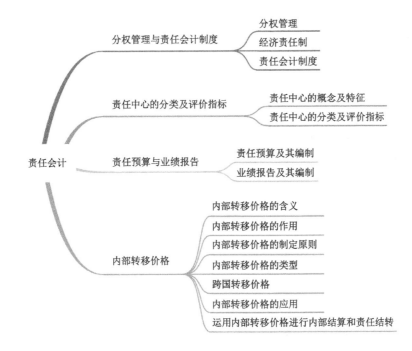

## 【学习指导】

### 一、学习目的和要求

通过对本章的学习了解责任会计的作用、基本内容、基本原则和实施基础；理解责任中心的类型及其划分依据；掌握责任中心的业绩评价与考核；掌握内部转移价格的制定方法。

### 二、学习重点

（1）理解经济责任制和责任会计制度的内涵；

（2）掌握责任中心的划分及其业绩评价、考核的方法；

（3）理解内部转移价格的制定方法及其选择；

## 二、学习难点

（1）责任预算的内容及其编制；

（2）业绩报告的内容及其编制；

（3）运用内部转移价格进行内部结算和责任结转的方法。

## 【章节练习】

### 一、单项选择题

1. 下列各项中,属于建立责任会计目标的是(　　)。

A. 实现责权利的协调统一　　　　　　B. 划分责任中心

C. 编制责任预算　　　　　　　　　　D. 提交责任报告

2. 责任会计制度得以建立的基本条件是(　　)。

A. 集权化管理模式　　　　　　　　　B. 分权化管理模式

C. 垂直型管理模式　　　　　　　　　D. 水平型管理模式

3. 下列各项中,应作为成本中心控制和考核内容的是(　　)。

A. 责任成本　　　　　　　　　　　　B. 产品成本

C. 直接成本　　　　　　　　　　　　D. 目标成本

4. 责任成本是某一责任中心的(　　)。

A. 相关成本　　　　　　　　　　　　B. 直接成本

C. 可控成本　　　　　　　　　　　　D. 变动成本

5. 对于任何一个成本中心来说,其责任成本应该与其相等的项目是(　　)。

A. 产品成本　　　　　　　　　　　　B. 固定成本之和

C. 可控成本之和　　　　　　　　　　D. 不可控成本之和

6. 下列成本中属于技术性成本的是(　　)。

A. 管理人员工资　　　　　　　　　　B. 直接材料

C. 研究开发费　　　　　　　　　　　D. 广告宣传费

7. 从责任中心划分角度看,会计、人事与研发中心等部门属于(　　)。

A. 成本中心　　　　　　　　　　　　B. 利润中心

C. 投资中心　　　　　　　　　　　　D. 费用中心

8. 下列各项中,不属于利润中心应当拥有的权利是(　　)。

A. 价格决策权　　　　　　　　　　　B. 投资决策权

C. 生产决策权　　　　　　　　　　　D. 销售决策权

9. "贡献毛益"指标适合(　　)的考核。

A. 人为划分的利润中心　　　　　　　B. 费用中心

C. 成本中心　　　　　　　　　　　　D. 投资中心

10. 在生产和销售上享有较大自主权,可以相对独立地运用所掌握的资金,可以自主处置固定资产的责任中心是(　　)。

A. 成本中心　　　　　　　　　　　　B. 利润中心

    C. 投资中心                          D. 费用中心

11. 衡量投资中心工作业绩的投资利润率指标,实际上是其销售利润率同其(　　)。

    A. 资金利润率的乘积                 B. 资金成本率的乘积

    C. 投资周转率的乘积                 D. 投资收益率的乘积

12. 在计算投资利润率时,如果经营资产按经营总资产计算,不应作为确定经营净收益扣减项目的是(　　)。

    A. 销售费用                          B. 管理费用

    C. 财务费用                          D. 利息费用

13. 在计算投资利润率时,为了正确评价和考核有关部门工作的好坏,固定资产应按(　　)计算。

    A. 固定资产原值                    B. 固定资产净值

    C. 累计折旧                         D. 固定资产平均值

14. 某投资中心第一年经营资产平均余额为 100 000 元,经营利润为 20 000 元,第二年该中心新增投资 20 000 元,预计新增经营利润 3 000 元,接受新投资后,该部门的投资利润率为(　　)。

    A. 15.5%                          B. 20%

    C. 17.5%                          D. 19%

15. 下列项目中,通常具有法人资格的责任中心是(　　)。

    A. 投资中心                          B. 利润中心

    C. 成本中心                          D. 费用中心

16. 供需双方分别按照不同的内部转移价格计价结算时采用的是(　　)。

    A. 实际成本                          B. 市场价格

    C. 协商价格                          D. 双重价格

17. 从责任会计角度来说,汽车装配部门所安装的外购件属于(　　)。

    A. 可控成本                          B. 不可控成本

    C. 固定成本                          D. 变动成本

18. 当某种产品或劳务在市场上出现不同的价格时,买方可以采用最低的市场价格,卖方可以选择最高的市场价格,则该种转移价格属于(　　)。

    A. 双重内部转移价格                 B. 协议价格

    C. 双重市场价格                   D. 成本转移价格

19. 以成本作为内部转移价格,为避免责任中心之间功过转嫁,应采用(　　)。

    A. 实际成本                          B. 标准成本

    C. 可控成本                          D. 实际成本加成

20. 管理会计将在责任预算的基础上,把实际数与计划数进行比较,用来反映与考核各责任中心工作业绩的书面文书称为(　　)。

    A. 差异分析表                        B. 责任报告

    C. 预算执行情况表               D. 实际执行与预算比较表

## 二、多项选择题

1. 下列说法中符合责任中心特征的有（　　）。

A. 具有一定管理权限　　　　　　　　　B. 反映其经济责任履行情况

C. 承担相应经济责任　　　　　　　　　D. 属于企业内部单位

2. 划分责任中心的标准包括（　　）。

A. 可以划清管理范围　　　　　　　　　B. 必须自负盈亏

C. 能明确经济责任　　　　　　　　　　D. 能单独进行业绩考核

3. 有关责任中心责任与权限的划分，下列说法中正确的有（　　）。

A. 责任和权限不能相互交叉，避免出现相互"扯皮"现象

B. 责任和权限必须十分明确，不能模棱两可

C. 责任和权限必须相互适应，依据责任大小赋予管理权力

D. 为保证经济责任的顺利完成，赋予的管理权力应稍大一些

4. 下列各项中，属于建立责任会计制度必须遵循的原则有（　　）。

A. 责任主体原则　　　　　　　　　　　B. 可控性原则

C. 目标一致原则　　　　　　　　　　　D. 激励原则

E. 反馈原则

5. 可控成本的基本特征是（　　）。

A. 可预知性　　　　　　　　　　　　　B. 可计量性

C. 可调控性　　　　　　　　　　　　　D. 可反馈性

6. 费用中心的业绩可以通过（　　）来考核。

A. 剩余收益　　　　　　　　　　　　　B. 标准成本

C. 费用预算　　　　　　　　　　　　　D. 零基预算

7. 下列各项中，属于成本中心类型的有（　　）。

A. 产品成本中心　　　　　　　　　　　B. 变动性成本中心

C. 销售成本中心　　　　　　　　　　　D. 技术性成本中心

E. 酌量性成本中心

8. 下列各项中，能够解释责任成本与产品成本主要区别的表述有（　　）。

A. 成本的特性不同　　　　　　　　　　B. 归依和分配的对象不同

C. 分配的原则不同　　　　　　　　　　D. 核算的基础条件不同

E. 核算的主要目的不同

9. 利润中心工作业绩考评的具体内容是（　　）。

A. 销售收入　　　　　　　　　　　　　B. 成本

C. 边际贡献　　　　　　　　　　　　　D. 税前利润

10. 与利润中心考核有关的指标包括（　　）。

A. 贡献毛益　　　　　　　　　　　　　B. 投资利润率

C. 剩余收益　　　　　　　　　　　　　D. 可控利润

11. 对投资中心进行考核与评价的主要指标有（　　）。

A. 净现值　　　　　　　　　　　　　　B. 投资利润率

C. 经济增加值　　　　　　　　　　D. 剩余收益

12. 在下列各项指标中,属于考核投资中心投资效果的有(　　)。

A. 责任成本　　　　　　　　　　　B. 营业收入

C. 贡献边际　　　　　　　　　　　D. 投资利润率

E. 剩余收益

13. 就某一投资中心而言,其投资利润率的提高主要取决于(　　)。

A. 增加营业资产　　　　　　　　　B. 增加销售收入

C. 减少营业资产　　　　　　　　　D. 降低成本费用

14. 投资报酬率指标的计算方法是(　　)。

A. 投资利润率×资产周转率

B. 投资周转率×销售利润率

C. 投资周转率×成本利润率×销售成本率

D. 投资利润率×成本利润率×销售成本率

15. 投资中心需要对投资的经济效益负责,因此应拥有充分的(　　)。

A. 产品销售权　　　　　　　　　　B. 经营决策权

C. 投资决策权　　　　　　　　　　D. 生产决策权

16. 以市场为基础的协商价格需要具备的条件是(　　)。

A. 某种形式的外部市场　　　　　　B. 各组织单位之间共享的信息资源

C. 准确的中间产品的单位变动成本资料　D. 最高管理层对转移价格的适当干预

17. 以下各项中,属于制定内部转移价格应遵循的原则有(　　)。

A. 全局性原则　　　　　　　　　　B. 公平性原则

C. 自主性原则　　　　　　　　　　D. 重要性原则

E. 例外性原则

18. 常见的内部转移价格有(　　)。

A. 市场价格　　　　　　　　　　　B. 协议价格

C. 标准成本　　　　　　　　　　　D. 实际成本

19. 在责任会计中,企业内部结算方式包括(　　)。

A. 内部货币结算方式　　　　　　　B. 内部支票结算方式

C. 转账通知单方式　　　　　　　　D. 托收承付结算方式

E. 应付票据结算方式

20. 内部经济仲裁委员会的工作内容包括(　　)。

A. 调解经济纠纷　　　　　　　　　B. 对无法调节的纠纷进行裁决

C. 办理内部交易结算　　　　　　　D. 办理内部责任结转

E. 进行业绩考核评价

## 三、判断题

1. 导致责任会计产生的主要原因是企业规模的扩大。　　　　　　　　　(　　)

2. 责任会计的核心在于利用会计信息对各分权单位的业绩进行计量。　　(　　)

3. 可控成本和不可控成本的划分是相对的。　　　　　　　　　　　　　(　　)

4. 各成本中心的可控成本之和等于企业的总成本之和。 （　　）

5. 成本中心实际发生的责任成本大于其责任成本预算的差异是有利差异。 （　　）

6. 成本中心没有对外销售权,其工作成果不会形成可以用货币计量的收入。 （　　）

7. 对于上级分配来的固定成本,由于利润中心无法控制其数额,所以这部分固定成本的影响在考核时应将其剔除。 （　　）

8. 因利润中心实际发生的利润数大于预算数而形成的差异是不利差异。 （　　）

9. 利润中心是企业责任中心的最高层次,也是决定企业经济效益高低的关键部门。
（　　）

10. 剩余收益指标的优点是可以使投资中心的业绩评价与企业目标协调一致。 （　　）

11. 如果中间产品存在非完全竞争的外部市场,可以采用市场价格减去对外的销售费用作为转移价格。 （　　）

12. 利润或投资中心之间相互提供产品或劳务,最好以市场价格作为内部转移价格。
（　　）

13. 以实际成本作为内部转移价格可以避免责任转嫁现象。 （　　）

14. 当供应方提供的产品或劳务没有现成的市场价格时,可采用协商价格作为内部转移价格。 （　　）

15. 编制责任预算需要在责任报告的基础上进行;责任报告是考核评价经营业绩的载体。 （　　）

## 四、计算分析题

1. 福瑞特集团占用的经营净资产为 95 000 万元,规定的最低投资利润率为 10%。其中:甲公司(福瑞特集团下属的一个子公司)占用的经营资产为 20 000 万元,经营净收益为 3 600 万元。现甲公司有一个新的投资机会,需要占用的投资额为 5 000 万元,可带来经营净收益 800 万元。

要求:

(1) 计算接受该项投资机会以前,甲公司的投资利润率和剩余收益。

(2) 计算接受该项投资机会以后,甲公司的投资利润率和剩余收益。

(3) 如果该集团采用投资利润率考核各投资中心的业绩,甲公司是否会接受该项新投资机会? 为什么?

(4) 如果该集团采用剩余收益考核各投资中心的业绩,甲公司是否会接受该项新投资机会? 为什么?

(5) 结合本题,对投资利润率和剩余收益这两个指标做出评价。

2. 赛腾达公司下属甲、乙两个部门的相关资料见表 10-1。

表 10-1　赛腾达公司相关资料

| 项目 | 甲部门 | 乙部门 |
|---|---|---|
| 销货(元) | 3 000 000 | 10 000 000 |
| 平均营业资产(元) | 1 000 000 | 3 000 000 |

表 10-1（续）

| 项目 | 甲部门 | 乙部门 |
|---|---|---|
| 营业利润（元） | 120 000 | 330 000 |
| 最低期望报酬率（%） | 8 | 8 |

要求：

（1）计算每个部门的剩余收益，采用该指标是否可以获得对两个部门绩效的有意义比较？

（2）以剩余收益除以平均营业资产来计算剩余报酬率，是否可显示各部门的绩效？并做出解释。

（3）计算每个部门的投资利润率，利用该指标是否可获得对各个部门绩效的有意义比较？并做出解释。

3. 宝沃公司生产甲产品，现有的资料如下：单位变动成本为 120 元，全年固定成本为 10 万元，全年预计销售量为 12 000 台，固定资产平均占用额为 200 万元。已知该公司目标投资利润率为 25%。

要求：

（1）为实现目标投资利润率，销售单价应定为多少？

（2）假设该公司的销售量分别为 10 000 台、12 000 台和 14 000 台，分别计算三种情况下的销售利润率、投资周转率及投资利润率。

4. 大华公司设有甲、乙、丙、丁四个部门。202×年度，依传统方式编制的损益表简列如表 10-2 所示。

表 10-2 大华公司 202×年度损益表　　　　单位：千元

| 项目 | 甲部门 | 乙部门 | 丙部门 | 丁部门 | 全公司 |
|---|---|---|---|---|---|
| 收入 | 150 000 | 200 000 | 380 000 | 505 000 | 1 235 000 |
| 成本及费用 | 150 000 | 210 000 | 420 000 | 420 000 | 1 200 000 |
| 损益 | 0 | (10 000) | (40 000) | 85 000 | 35 000 |

鉴于乙、丙两个部门已发生亏损，公司当局正考虑将其关闭。经分析后，获悉下列情况：

（1）各部门变动成本及费用占各该部门收入的百分比如下：

| 甲部门 | 乙部门 | 丙部门 | 丁部门 |
|---|---|---|---|
| 45% | 60% | 60% | 40% |

（2）各部门共同的固定成本及费用共 137 500 千元，若按各部门员工人数摊入各部门：

| 甲部门 | 12 500 |
|---|---|
| 乙部门 | 30 000 |
| 丙部门 | 30 000 |
| 丁部门 | 65 000 |

其他固定成本及费用，皆属各部门的直接成本。

要求：

（1）按部门贡献方式重编该公司损益表；

（2）就乙、丙两个部门是否应关闭提供建议，并说明理由。

5. 华丰厂加工车间是成本中心，分设 A、B 两个工段。202×年 8 月加工车间发生的可控成本以及 A、B 两工段发生的可控成本数据分别如表 10-3 和表 10-4 所示。

表 10-3  加工车间可控成本资料  单位：元

| 项目 | 实际成本 | 成本差异 |
|------|---------|---------|
| 间接材料 | 12 500 | 2 500（不利差异） |
| 间接人工 | 17 500 | 1 000（不利差异） |
| 维修费 | 9 500 | 2 000（有利差异） |
| 工段长薪酬 | 4 000 | — |
| 合计 | 43 500 | 1 500（不利差异） |

表 10-4  加工车间 A、B 两工段可控成本资料  单位：元

| 成本项目 | A 工段 | | B 工段 | |
|---------|--------|--------|--------|--------|
| | 实际成本 | 成本差异 | 实际成本 | 成本差异 |
| 直接材料 | 98 000 | 4 500（不利差异） | 90 000 | 1 500（有利差异） |
| 直接人工 | 74 000 | 3 600（有利差异） | 77 800 | 2 500（不利差异） |
| 制造费用 | 105 000 | 1 100（不利差异） | 18 000 | 1 500（有利差异） |

要求：根据上述资料，编制该厂加工车间 202×年 8 月份的成本业绩报告。

6. 亿佳合公司 B 利润中心的预算资料和实际结果如表 10-5 所示。

表 10-5  亿佳合公司 B 利润中心的基本情况  单位：元

| 项目 | 预算 | 实际 |
|------|------|------|
| 销售收入 | 600 000 | 575 000 |
| 变动成本 | 300 000 | 295 000 |
| 变动生产成本 | 50 000 | 55 000 |
| 变动销售及管理费用 | | |
| 贡献边际 | | |
| 固定成本 | | |
| 固定制造费用 | 100 000 | 100 000 |
| 固定销售及管理费用 | 20 000 | 17 000 |
| 营业利润 | | |
| 所得税（25%） | | |
| 营业净利润 | | |

要求：编制该中心的利润报告。

7. 中环公司丙部门为投资中心,该部门本月有关资料见表 10-6。

表 10-6 中环公司丙部门预算执行情况　单位:元

| 项目 | 预算数 | 实际数 |
|------|--------|--------|
| 销售收入 | 20 000 | 25 000 |
| 销售利润 | 2 800 | 3 750 |
| 经营资产 | 28 000 | 31 250 |
| 长期负债 | 13 340 | 16 340 |

该部门本月份的预期投资利润率为 10%。

要求:请根据上述资料,编制该部门本月份的业绩报告。

8. 华康厂有一个 A 投资中心,202×年资金成本率为 16%,销售收入、营业利润及投资额的有关资料如表 10-7 所示。

表 10-7 华康厂 A 投资中心基本情况　单位:元

| 项目 | 实际数 | 差异数 |
|------|--------|--------|
| 销售收入 | 800 000 | 50 000(有利差异) |
| 营业利润 | 220 000 | 40 000(有利差异) |
| 投资额 | 640 000 | 140 000(不利差异) |

要求:编制该厂 A 投资中心的业绩报告。

9. 某公司有甲、乙两个事业部,均为投资中心。甲事业部生产的 A 产品既售给乙事业部,同时也向公司外界销售。202×年甲事业部预计生产 A 产品 10 000 件,其中 4 000 件向公司外界销售,单价为 575 元,其余 6 000 件转给乙事业部。单位 A 产品的成本数据如下:

变动性制造成本　　　　　100 元
固定性制造成本　　　　　50 元
变动性销售费用　　　　　55 元
固定性销售费用　　　　　25 元
单位成本　　　　　　　　230 元

A 产品内部转移价格的确定有五个方案可供选择:① 变动成本;② 变动成本加成 40%;③ 完全成本;④ 完全成本加成 50%;⑤ 市场价格(即 575 元)。

要求:

(1) 按上述五个方案分别计算 A 产品的销售收入和利润。

(2) 上述五个内部转移价格中,站在公司角度应选用哪一个?

(3) 站在乙事业部角度应选用哪一个方案?如何操作?

10. 练习内部转移价格与决策

资料:某公司有 A、B 两个分部,A 分部向 B 分部供应配件,索求的内部转让价格如下:

单位变动成本　　　　　11 元
单位固定成本　　　　　9 元

| 单位目标利润 | 4 元 |
| --- | --- |
| 内部转让价格 | 24 元 |

又知 B 分部可从外界市场以每件 20 元的价格购入上述配件。

要求：

(1) 区分下列两种情况，讨论 B 分部和总公司应如何决策？

① 假定 A 分部有剩余生产能力；

② 假定 A 分部没有剩余生产能力，并且其产品可以 24 元/件的价格销往企业外部。

(2) 如果出现某个分部的决策有损公司利益的情况，应该如何解决？

## 五、案例分析题

胜利公司是一家集团公司，有 A、B、C、D 四个分部。A 分部根据公司政策，拟签订一条生产线建设合同，招标说明书已在集团内外传阅，天山公司以 3 600 万元的报价准备签订这份合同，而且说明生产线所需的电子元件将从胜利公司的 C 分部购买。这条生产线共需电子元件 1 000 万元。

胜利公司的 B 分部也以 4 500 万元的价格投标，B 分部也将使用 C 分部提供的电子元件，价值为 1 000 万元；另外某些工作分包给 D 分部，价值 800 万元。

其他有关资料如下：

(1) C 分部提供的电子元件成本为 700 万元；

(2) D 分部贡献毛益率为 40%；

(3) 编制报价单时，B 分部以成本为转让价格，在变动成本基础上加成 20%；

(4) 完成合同无须其他附加的固定成本支出。

问题：

(1) 图示说明胜利公司各分部与天山公司有关报价的相互关系。

(2) 分下列两种情况讨论 A 分部愿意接受哪家公司？胜利公司愿意接受哪家公司？

① 所有分部的生产能力过剩；

② 集团外部对 D 分部的业务需求强烈。

## 六、拓展题

结合本章思政元素，请编写一则相关案例或者撰写一篇相关小论文，字数不少于 300 字。

## 【参考答案】

## 一、单项选择题

| 题号 | 1 | 2 | 3 | 4 | 5 | 6 | 7 | 8 | 9 | 10 |
| --- | --- | --- | --- | --- | --- | --- | --- | --- | --- | --- |
| 答案 | A | B | A | C | C | B | D | B | A | C |
| 题号 | 11 | 12 | 13 | 14 | 15 | 16 | 17 | 18 | 19 | 20 |
| 答案 | C | D | D | D | A | D | B | C | B | B |

## 二、多项选择题

| 题号 | 1 | 2 | 3 | 4 | 5 |
|---|---|---|---|---|---|
| 答案 | ABCD | ACD | ABC | ABCDE | ABC |
| 题号 | 6 | 7 | 8 | 9 | 10 |
| 答案 | CD | DE | BCDE | ABCDE | AD |
| 题号 | 11 | 12 | 13 | 14 | 15 |
| 答案 | BCD | DE | BCD | BC | ABCD |
| 题号 | 16 | 17 | 18 | 19 | 20 |
| 答案 | ABCD | ABCD | ABCD | ABC | AB |

## 三、判断题

| 题号 | 1 | 2 | 3 | 4 | 5 | 6 | 7 | 8 | 9 | 10 |
|---|---|---|---|---|---|---|---|---|---|---|
| 答案 | × | √ | √ | √ | × | √ | √ | × | × | √ |
| 题号 | 11 | 12 | 13 | 14 | 15 | | | | | |
| 答案 | × | √ | × | √ | × | | | | | |

## 四、计算分析题

1. 解：

(1) 投资利润率＝18%；剩余收益＝1 600（万元）

(2) 投资利润率＝17.6%；剩余收益＝1 900（万元）

(3) 不接受本项新机会。原因略。

(4) 略。

(5) 略。

2. 解：

(1) 剩余收益（甲）＝40 000（元）；剩余收益（乙）＝90 000（元）

(2) 剩余报酬率（甲）＝4%；剩余报酬率（乙）＝3%

(3) 投资利润率（甲）＝12%；投资利润率（乙）＝11%

3. 解：

(1) 由投资利润率＝营业利润÷投资额

有 $$25\%=\frac{(P-120)\times12\,000-100\,000}{2\,000\,000}$$

得 $$P=170(元/台)$$

(2) ① 销售量为 10 000 台时：

销售利润率＝利润额÷销售收入＝$\frac{(170-120)\times10\,000-100\,000}{170\times10\,000}\times100\%=23.53\%$

投资周转率＝销售收入÷投资额＝$170 \times 10\,000 \div 2\,000\,000 = 0.85$(次)

投资利润率＝利润额÷投资额＝$\dfrac{(170-120) \times 10\,000 - 100\,000}{2\,000\,000} \times 100\% = 20\%$

或:投资利润率＝投资周转率×销售利润率＝$0.85 \times 23.53\% = 20\%$

② 销售量为 12 000 台时:

销售利润率＝利润额÷销售收入＝$\dfrac{(170-120) \times 12\,000 - 100\,000}{170 \times 12\,000} \times 100\% = 24.51\%$

投资周转率＝销售收入÷投资额＝$170 \times 12\,000 \div 2\,000\,000 = 1.02$(次)

投资利润率＝利润额÷投资额＝$\dfrac{(170-120) \times 12\,000 - 100\,000}{2\,000\,000} \times 100\% = 25\%$

或:投资利润率＝投资周转率×销售利润率＝$1.02 \times 24.51\% = 25\%$

③ 销售量为 14 000 台时:

销售利润率＝利润额÷销售收入＝$\dfrac{(170-120) \times 14\,000 - 100\,000}{170 \times 14\,000} \times 100\% = 25.21\%$

投资周转率＝销售收入＝$170 \times 14\,000 / 2\,000\,000 = 1.19$(次)

投资利润率＝利润额÷投资额＝$\dfrac{(170-120) \times 14\,000 - 100\,000}{2\,000\,000} \times 100\% = 30\%$

或:投资利润率＝投资周转率×销售利润率＝$1.19 \times 25.21\% = 30\%$

4. 解:

(1) 按部门贡献式重编的损益表如表 10-8 所示:

**表 10-8　部门贡献式损益表** 单位:千万元

|  | 甲部门 | 乙部门 | 丙部门 | 丁部门 |
|---|---|---|---|---|
| 收入 | 15 | 20 | 38 | 50.5 |
| 边际贡献 | 8.25 | 8 | 15.2 | 30.3 |
| 可控固定成本 | 7 | 6 | 16.2 | 15.3 |
| 可控边际贡献 | 1.25 | 2 | −1 | 15 |
| 不可控固定成本 | 1.25 | 3 | 3 | 6.5 |
| 部门税前利润 | 0 | −1 | −4 | 8.5 |

(2) 略。

5. 解:

华丰厂加工车间 202× 年 8 月成本业绩报告如表 10-9 所示:

**表 10-9　加工车间成本业绩报告** 单位:元

| 项目 | 预算成本 | 实际成本 | 成本差异 |
|---|---|---|---|
| 工段责任成本: |  |  |  |
| A 工段 | 275 000 | 277 000 | 2 000(不利差异) |
| B 工段 | 186 300 | 185 800 | 500(有利差异) |
| 小计 | 461 300 | 462 800 | 1 500(不利差异) |

表 10-9(续)

| 项目 | 预算成本 | 实际成本 | 成本差异 |
|---|---|---|---|
| 本车间可控成本: | | | |
| 间接材料 | 10 000 | 12 500 | 2 500(不利差异) |
| 间接人工 | 16 500 | 17 500 | 1 000(不利差异) |
| 维修费 | 11 500 | 9 500 | 2 000(有利差异) |
| 工段长薪酬 | 4 000 | 4 000 | —— |
| 小计 | 42 000 | 43 500 | 1 500(不利差异) |
| 合计 | 503 300 | 506 300 | 3 000(不利差异) |

6. 解:

亿佳合公司 B 中心利润报告如表 10-10 所示:

**表 10-10 亿佳合公司 B 中心利润报告** 单位:元

| 项目 | 预算 | 实际 | 差异 |
|---|---|---|---|
| 销售收入 | 600 000 | 575 000 | −25 000 |
| 变动成本 | 300 000 | 295 000 | −5 000 |
| 变动生产成本 | 50 000 | 55 000 | 5 000 |
| 变动销售及管理费用 | 250 000 | 240 000 | −10 000 |
| 贡献边际 | 300 000 | 280 000 | −20 000 |
| 固定成本 | 120 000 | 117 000 | −3 000 |
| 固定制造费用 | 100 000 | 100 000 | 0 |
| 固定销售及管理费用 | 20 000 | 17 000 | −3 000 |
| 营业利润 | 180 000 | 163 000 | −17 000 |
| 所得税(25%) | 45 000 | 40 7500 | −4 250 |
| 营业净利润 | 135 000 | 122 250 | −12 750 |

7. 解:

中环公司丙部门本月份的业绩报告如表 10-11 所示:

**表 10-11 中环公司丙部门业绩报告** 单位:元

| 摘要 | 实际 | 差异 |
|---|---|---|
| 销售收入 | 25 000 | 5 000 |
| 销售利润 | 3 750 | 950 |
| 经营资产 | 31 250 | 3 250 |
| 长期负债 | 16 340 | 3 000 |
| 销售利润率 | 15% | 1% |
| 投资利润率 | 12% | 2% |

8. 解：

华康厂 A 投资中心业绩报告如表 10-12 所示：

表 10-12 华康厂 A 投资中心业绩报告

| 项目 | 预算数 | 实际数 | 差异数 |
|---|---|---|---|
| 销售收入/元 | 750 000 | 800 000 | 50 000(有利差异) |
| 销售成本/元 | 57 0000 | 580 000 | 10 000(不利差异) |
| 营业利润/元 | 180 000 | 220 000 | 40 000(有利差异) |
| 投资额/元 | 500 000 | 640 000 | 140 000(不利差异) |
| 销售利润率/% | 24 | 27.5 | 3.5(有利差异) |
| 投资周转率/次 | 1.5 | 1.25 | 0.25(不利差异) |
| 投资利润率/% | 36 | 34.375 | 1.625(不利差异) |
| 资金成本/% | 16 | 16 | — |
| 应计资金成本/元 | 80 000 | 102 400 | 22 400(不利差异) |
| 剩余收益/元 | 100 000 | 117 600 | 17 600(有利差异) |

9. 解：

(1) ① 变动成本：

内部转移价格：100＋55＝155(元)

销售收入：内部销售收入＝155×6 000＝930 000(元)

对外销售收入＝575×4 000＝2 300 000(元)

小计 3 230 000(元)

销售成本： 230×10 000＝2 300 000(元)

销售利润 930 000(元)

② 变动成本加成 40%：

内部转移价格：155×(1＋40%)＝217(元)

销售收入：内部销售收入＝217×6 000＝1 302 000(元)

对外销售收入＝575×4 000＝2 300 000(元)

小计 3 602 000(元)

销售成本： 230×10 000＝2 300 000(元)

销售利润 1 302 000(元)

③ 全部成本：

内部转移价格：100＋55＋50＋25＝230(元)

销售收入：内部销售收入＝230×6000＝1 380 000(元)

对外销售收入＝575×4 000＝2 300 000(元)

小计 3 680 000(元)

销售成本： 230×10 000＝2 300 000(元)

销售利润 1 380 000(元)

④ 全部成本加成 50%：

内部转移价格：230×(1＋50％)＝345(元)

销售收入：内部销售收入＝345×6 000＝2 070 000(元)

对外销售收入＝575×4 000＝2 300 000(元)

小计 4 370 000(元)

销售成本： 230×10 000＝2 300 000(元)

销售利润 2 070 000(元)

⑤ 市场价格：

内部转移价格：575 元

销售收入：内部销售收入＝575×6 000＝3 450 000(元)

对外销售收入＝575×4 000＝2 300 000(元)

小计 5 750 000(元)

销售成本： 230×10 000＝2 300 000(元)

销售利润 3 450 000(元)

(2) 就公司而言，应选用市场价格，因为这对买卖双方无所偏袒，而且能调动甲事业部的生产积极性，促使他们努力改善经营管理，不断降低成本。

(3) 站在乙事业部角度，应选用单位变动成本(即 155 元)。

可在公司内部选用双重内部转移价格，乙事业部用 155 元变动成本作为计价基础，甲事业部则可采用市场价格作为计价基础。

10. 解：

(1) 站在 B 分部角度，不论何种情况均应选择从外界市场购进，因为从外界市场购进价格 20 元低于内部转移价格 24 元。

站在集团公司角度考虑，应区别对待：

① 若 A 分部有剩余生产能力：对总公司而言，从外界市场购进，集团公司付出的代价为每件 20 元，而公司内部转移的相关成本仅为变动成本 11 元，因此集团公司应选择内部转移。

② 若 A 分部无剩余生产能力，并且其产品可以 24 元的价格销往企业外部，若采用内部转让，则丧失对外销售获得的贡献毛益 13 元，即内部转移方案产生 13 元的机会成本。此时外购方案的成本依然为 20 元，而内部转移方案的成本为 24(11＋13＝24)元。因此，集团公司应选择外购方案。

(2) 双重价格可以满足买卖双方的不同需求，避免因内部定价过高迫使买方不得不转向外部市场采购，导致卖方生产能力出现闲置的现象。本例中，公司可采用双重内部转移价格，B 分部选用 20 元市场价格，A 分部则可采用 24 元转移价格，中间的 4 元差额由总公司在管理费用中列示。

## 五、案例分析

案例解析：

(1) 略。

(2) 不论哪种情况，A 分部愿意接受天山公司，因为天山公司的报价(3 600 万元)小于 B 分部的报价(4 500 万元)。

对胜利公司而言,应分别区分不同情况:

① 所有分部的生产能力过剩:

天山公司:

| | |
|---|---|
| 报价 | 3 600 万元 |
| 减:C 分部盈利(1 000－700) | 300 万元 |
| 胜利公司净成本 | 3 300 万元 |

B 分部:

| | |
|---|---|
| 报价 | 4 500 万元 |
| 减:B 分部利润额(4 500/1.2×0.2) | 750 万元 |
| C 分部利润(1 000－700) | 300 万元 |
| D 分部贡献毛益(800×40%) | 320 万元 |
| 胜利公司净成本 | 3 130 万元 |

结论:胜利公司应选择 B 分部。

② 集团外部对 D 分部的业务需求强烈:

| | |
|---|---|
| 天山公司同上 | 3 300 万元 |

B 部:

| | |
|---|---|
| 报价 | 4 500 万元 |
| 减:B 部利润 | 750 万元 |
| C 部利润(1 000－700) | 300 万元 |
| 胜利公司净成本 | 3 450 万元 |

结论:胜利公司应选择天山公司。

# 六、拓展题

答案略。

# 第十一章　业绩评价与管理层激励

【思维导图】

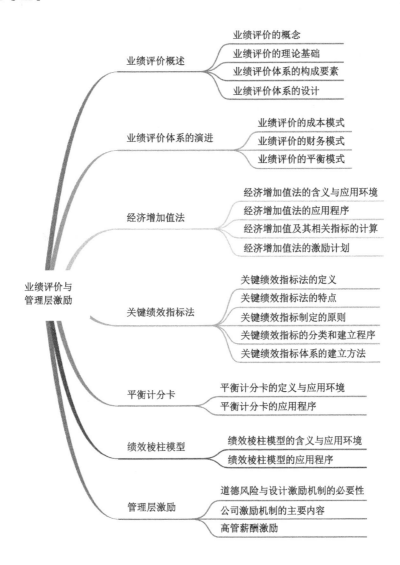

业绩评价与管理层激励

- 业绩评价概述
  - 业绩评价的概念
  - 业绩评价的理论基础
  - 业绩评价体系的构成要素
  - 业绩评价体系的设计
- 业绩评价体系的演进
  - 业绩评价的成本模式
  - 业绩评价的财务模式
  - 业绩评价的平衡模式
- 经济增加值法
  - 经济增加值法的含义与应用环境
  - 经济增加值法的应用程序
  - 经济增加值及其相关指标的计算
  - 经济增加值法的激励计划
- 关键绩效指标法
  - 关键绩效指标法的定义
  - 关键绩效指标法的特点
  - 关键绩效指标制定的原则
  - 关键绩效指标的分类和建立程序
  - 关键绩效指标体系的建立方法
- 平衡计分卡
  - 平衡计分卡的定义与应用环境
  - 平衡计分卡的应用程序
- 绩效棱柱模型
  - 绩效棱柱模型的含义与应用环境
  - 绩效棱柱模型的应用程序
- 管理层激励
  - 道德风险与设计激励机制的必要性
  - 公司激励机制的主要内容
  - 高管薪酬激励

## 【学习指导】

### 一、学习目的和要求

通过对本章的学习了解业绩评价的理论基础、构成要素、设计原则与实施步骤；理解业绩评价体系的演进历程；掌握经济增加值法的含义、应用环境、应用程序及相关指标的计算方法；掌握关键绩效指标法的特点、关键绩效指标的制定原则和建立程序，以及关键绩效指标体系的建立方法；掌握平衡计分卡的含义、应用环境和应用程序；掌握绩效棱柱模型的含义、应用环境和应用程序；理解管理层激励的必要性、公司激励机制的主要内容，以及高管薪酬激励的主要内容。

### 二、学习重点

（1）理解业绩评价的概念，掌握业绩评价体系的构成要素和设计原则；
（2）了解业绩评价体系的演进过程；
（3）掌握经济增加值法、关键绩效指标法、平衡计分卡和绩效棱柱模型的基本含义、应用环境和应用程序。

### 三、学习难点

（1）理解不同业绩评价方法所适用的组织环境和应用程序等；
（2）不同高管薪酬激励方法的特点，以及管理层激励面临的现实困境。

## 【章节练习】

### 一、单项选择题

1. 以下关于经济增加值的基本概念错误的是（  ）。
A. 经济增加值是指企业税后净营业利润减去包括股权、债务等全部投入资本的机会成本后的所得
B. 经济增加值是企业经过调整的营业净利润扣除其全部所用资本的机会成本后的剩余利润
C. 经济增加值就是低于资本成本的投资回报
D. 经济增加值强调企业经营所使用的资本和债务是有成本的，把机会成本和实际成本结合起来，强化了提高资本使用效率这个目标

2. 根据公司公开的财务报告计算披露的经济增加值时，不需纳入调整的事项是（  ）。
A. 计入当期损益的品牌推广费　　　B. 计入当期损益的研发支出
C. 计入当期损益的商誉减值　　　　D. 表外长期性经营租赁资产

3. 下列属于平衡计分卡顾客方面考评指标的是（  ）。
A. 市场占有率　　　　　　　　　B. 质量指标
C. 员工生产率　　　　　　　　　D. 成长速度

4. 下列属于平衡计分卡学习与成长方面考评指标的是（  ）。

　　A. 质量指标　　　　　　　　　　B. 员工留住率

　　C. 盈利能力　　　　　　　　　　D. 顾客保持率

　　5. 下列属于平衡计分卡财务方面业绩动因的是( )。

　　A. 资产、资本结构　　　　　　　B. 市场调查

　　C. 研究开发计划　　　　　　　　D. 员工的学历和经历

　　6. 下列属于平衡计分卡顾客方面业绩动因的是( )。

　　A. 资产运转能力　　　　　　　　B. 销售服务

　　C. 增值作业的增值程度　　　　　D. 员工的学历和经历

　　7. 下列属于平衡计分卡内部业务流程方面业绩动因的是( )。

　　A. 资产运转能力　　　　　　　　B. 广告宣传

　　C. 成本指标　　　　　　　　　　D. 员工的教育和培训

　　8. 平衡计分卡指标体系构建时,企业应以( )维度为核心,其他维度的指标都与核心维度的一个或多个指标相联系。通过梳理核心维度目标的实现过程,确定每个维度的关键驱动因素,结合战略主题,选取关键绩效指标。

　　A. 财务　　　　　　　　　　　　B. 客户

　　C. 内部业务流程　　　　　　　　D. 学习与成长

　　9. 以下不属于关键绩效指标法特点的是( )。

　　A. 系统性　　　　　　　　　　　B. 绩效可控性

　　C. 认可度高　　　　　　　　　　D. 一惯性

　　10. 企业的关键绩效指标一般可分为结果类和动因类两类指标,其中结果类指标包括( )。

　　A. 资本性支出　　　　　　　　　B. 单位生产成本

　　C. 经济增加值　　　　　　　　　D. 员工满意度

　　11. 绩效棱柱模型适用于管理制度比较完善、业务流程比较规范、管理水平相对较高的大中型企业,其应用对象可以是( )。

　　A. 企业及企业各级所属部门、员工　　B. 企业各级所属部门、员工

　　C. 企业、员工　　　　　　　　　　　D. 企业、企业各级所属部门

　　12. 在绩效棱柱模型指标体系中,与监管机构相关的利益相关者满意评价指标通常有( )。

　　A. 总资产报酬率　　　　　　　　B. 社会贡献率

　　C. 工资收入增长率　　　　　　　D. 客户满意度

　　13. 在绩效棱柱模型指标体系中,与供应商相关的利益相关者满意评价指标通常有( )。

　　A. 逾期付款次数　　　　　　　　B. 人均工资

　　C. 客户投诉率　　　　　　　　　D. 派息率

　　14. 在绩效棱柱模型指标体系中,与客户相关的业务流程评价指标通常有( )。

　　A. 标准化流程比率　　　　　　　B. 内部控制有效性

　　C. 产品合格率　　　　　　　　　D. 采购合同履约率

　　15. 在绩效棱柱模型指标体系中,与投资者相关的利益相关者贡献评价指标通常有( )。

　　A. 按时交货率　　　　　　　　　B. 税收优惠程度

C. 客户忠诚度　　　　　　　　　D. 融资成本率

16.（　　）对经营者产生激励，它使得经营者具有职位特权，享受职位消费，给经营者带来正规报酬激励以外的物质利益满足。因为经营者的效用除了货币物品外，还有非货币物品。

A. 所有权　　　　　　　　　　　B. 经营控制权

C. 剩余控制权　　　　　　　　　D. 剩余支配权

17. 围绕高管薪酬有很多理论和观点，但是总体而言，对其影响最大也是最深刻的当属（　　）。它对高管薪酬的设计有三个最主要的启示：首先，高管人员的薪酬应与企业业绩挂钩；其次，这一联系应随着企业经营环境风险的增大而减弱；最后，在外界相关信息可利用的情况下应该引入相对业绩评估。

A. 委托代理理论　　　　　　　　B. 权变理论

C. 激励理论　　　　　　　　　　D. 行为理论

18. 以股东财富最大化为导向的业绩评价主要是衡量经营者是否为股东的财富增值，关系到经营者的奖惩、职位升降等问题。能体现出股东财富增值程度的评价指标主要是经调整后的（　　）。

A. 税后营业净利润　　　　　　　B. 非经常性损益

C. 经济增加值　　　　　　　　　D. 净资产收益率

19. 共同治理模式下的公司治理遵循的是"剩余索取权应由利益相关者掌握"的逻辑，认为公司是利益相关者相互之间缔约的"契约网"，公司治理的主体是（　　），客体是经营者，治理目标是利益相关者价值最大化。

A. 股东　　　　　　　　　　　　B. 投资人

C. 债权人　　　　　　　　　　　D. 利益相关者

20. 一般而言，对经营者的薪酬激励由（　　）、奖金、股票与股票期权、退休金计划等构成。

A. 浮动薪金　　　　　　　　　　B. 底薪加提成

C. 固定薪金　　　　　　　　　　D. 提成薪金

## 二、多项选择题

1. 科学地评价企业的业绩可以（　　）。

A. 为出资人行使经营者的选择权提供重要依据

B. 激励企业经营者提供可靠依据

C. 加强对企业经营者的监管和约束

D. 为政府有关部门、债权人、企业职工等利益相关方提供信息支持

2. 企业的业绩评价体系由以下几个要素构成，具体包括（　　）。

A. 评价者　　　　　　　　　　　B. 评价对象

C. 评价结论　　　　　　　　　　D. 评价标准

E. 激励机制

3. 企业业绩评价的主体分为（　　）两个层次。

A. 评价者　　　　　　　　　　　B. 企业的所有者

C. 企业上级管理层　　　　　　　　　D. 普通员工

4. 在选择业绩评价主体的时候,应注意以下原则,具体包括(　　　)。

A. 应有利于实现企业利润最大化　　　B. 应便于降低代理成本

C. 要有监督的动机和能力　　　　　　D. 评价主体必须与公司的利益相关

5. 以利润为核心的财务模式的特点是(　　　)。

A. 综合考虑成本和收益　　　　　　　B. 以利润作为业绩评价的主要指标

C. 未考虑企业的资本成本　　　　　　D. 以投资者利益为业绩评价的价值取向

6. 经济增加值评价系统的特点是(　　　)。

A. 综合考虑成本和收益

B. 不仅考虑产品的制造成本,而且考虑企业的资本成本

C. 以经济增加值为绩效评价的主要指标

D. 以所有利益相关者的利益为绩效评价的价值取向

7. 20 世纪 80 年代后,全球竞争日益激烈,面对新经济环境的挑战,业绩评价研究领域出现了一系列新的观点和方法,比较明显的特征是,非财务指标开始纳入企业绩效评价体系之中,逐渐形成了财务绩效和非财务绩效相结合的业绩评价模式,其中的典型代表包括(　　　)。

A. 卡普兰和诺顿提出的平衡计分卡　　B. 戴维·帕门特提出的关键绩效指标

C. 斯腾思特咨询公司提出的经济增加值　D. 尼利提出的绩效棱柱模型

8. 在计算披露的经济增加值时,下列各项中需要进行调整的项目有(　　　)。

A. 研究费用　　　　　　　　　　　　B. 争取客户的营销费用

C. 资本化利息支出　　　　　　　　　D. 企业并购重组费用

9. 经济增加值计算时的会计调整项目包括(　　　)。

A. 研究开发费、大型广告费等一次性支出但收益期较长的费用

B. 反映付息债务成本的利息支出,不作为期间费用扣除,计算税后净营业利润时扣除所得税影响后予以加回

C. 营业外收入、营业外支出具有偶发性,将当期发生的营业外收支从税后净营业利润中扣除

D. 将当期减值损失扣除所得税影响后予以加回,并在计算资本占用时相应调整资产减值准备发生额

E. 递延税金不反映实际支付的税款情况,将递延所得税资产及递延所得税负债变动影响的企业所得税从税后净营业利润中扣除,相应调整资本占用

10. 可口可乐瑞典饮料公司正在其不断发展的公司中推广平衡计分卡的概念。若干年来,可口可乐公司的其他子公司已经在做这项工作,但是,总公司并没有要求所有的子公司都用这种方式来进行报告和管理控制。平衡计分卡的内容有(　　　)。

A. 财务角度　　　　　　　　　　　　B. 顾客角度

C. 内部流程角度　　　　　　　　　　D. 创新与学习角度

11. 平衡计分卡每个方面通常包括的基本项目是(　　　)。

A. 战略目标　　　　　　　　　　　　B. 评价指标

C. 业绩动因　　　　　　　　　　　　D. 标准数据指标

E. 具体指标和评分

12. 下列属于平衡计分卡顾客方面考评指标的是（　　　）。

A. 顾客满意度　　　　　　　　　　B. 顾客保持率

C. 顾客获得率　　　　　　　　　　D. 市场占有率

E. 顾客获利率

13. 下列属于平衡计分卡学习与成长方面考评指标的是（　　　）。

A. 增值能力　　　　　　　　　　　B. 成长速度

C. 市场占有率　　　　　　　　　　D. 员工留住率

E. 员工生产率

14. 下列属于平衡计分卡财务方面业绩动因的是（　　　）。

A. 资产运转能力　　　　　　　　　B. 经营耗费水平

C. 资产、资本结构　　　　　　　　D. 作业成本

E. 增值作业的增值程度

15. 有关绩效棱柱模型的表述正确的是（　　　）。

A. 坚持主要利益相关者价值取向，使主要利益相关者与企业紧密联系

B. 涉及多个主要利益相关者，对每个主要利益相关者都要从五个构面建立指标体系，指标选取复杂，部分指标较难量化

C. 有利于实现企业与外部利益相关者的共赢，为企业可持续发展创造良好的外部环境

D. 对企业信息系统和管理水平有较高要求，实施难度大、门槛高

16. 企业的关键绩效指标一般可分为结果类和动因类两类指标，其中结果类指标包括（　　　）。

A. 投资回报率　　　　　　　　　　B. 净资产收益率

C. 经济增加值　　　　　　　　　　D. 资本性支出

17. 企业的关键绩效指标一般可分为结果类和动因类两类指标，其中动因类指标包括（　　　）。

A. 息税前利润　　　　　　　　　　B. 产量

C. 自由现金流量　　　　　　　　　D. 客户满意度

18. 建立关键绩效指标的方法多种多样，具体有（　　　）。

A. 内部导向法　　　　　　　　　　B. 关键成功因素法

C. 策略目标分解法　　　　　　　　D. 外部导向法

19. 通过关键成功因素分析法建立关键绩效指标体系有以下步骤，包括（　　　）。

A. 制定岗位（员工）级关键绩效指标

B. 利用鱼骨图分析法确定企业的成功要素

C. 确定关键绩效领域

D. 利用战略地图确定企业的成功要素

E. 确定公司宏观战略目标

20. 公司激励机制应该包括以下几方面内容，即（　　　）。

A. 聘用与解雇激励机制　　　　　　B. 薪酬激励机制

C. 剩余支配权与经营控制权激励机制　D. 决策激励机制

E. 声誉或荣誉激励机制

## 三、判断题

1. 激励机制是业绩评价行为的延伸和反馈,有利于评价对象行为的改善。　　（　）

2. 评价主体依据一定的评价目标,通过一定的评价指标体系进行业绩评价,形成评价结论,并通过一定的激励机制来影响评价客体的行为,使之更好地为满足评价主体的评价目标而工作。　　（　）

3. 在业绩评价的成本模式中,成本分类控制阶段的主要特征是开始重视事前预测和事中控制,建立标准成本制度,成本分类和成本核算更加科学。　　（　）

4. 业绩评价的财务模式可以进一步分为以成本核算和成本控制为核心的财务模式和以经济增加值为核心的财务模式。　　（　）

5. 市场增加值指标不能用于内部业绩评价。　　（　）

6. 经济增加值法不可以单独使用,必须与关键绩效指标法、平衡计分卡等其他方法结合使用,应用经济增加值法建立的绩效评价体系,应赋予经济增加值指标较高的权重。

（　）

7. 平衡计分卡每个方面业绩考评指标的数量是固定不变的。　　（　）

8. 企业在应用平衡计分卡时,所属的各责任中心的战略主题、KPI 相应的战略举措、资源配置等信息一般都应绘制到一张图上。　　（　）

9. 战略地图制定后,应以平衡计分卡为核心编制绩效计划。绩效计划是企业开展绩效评价工作的行动方案,包括构建指标体系、分配指标权重、确定绩效目标值、选择计分方法和评价周期、签订绩效责任书等一系列管理活动。　　（　）

10. 企业在选取关键绩效指标时,应尽量剔除来自外部环境的影响,重点反映员工对工作职责范围的直接可控领域。　　（　）

11. 建立关键绩效指标的方法多种多样,具体有外部导向法、关键成功因素法和策略目标分解法等。其中,外部导向法是以企业的宏观战略和长远发展目标为基础,通过提炼企业成功的关键要素并实施有效监督,经过逐级分解,并合理量化,建立企业关键绩效指标评价体系的方法。　　（　）

12. 绩效棱柱模型适用于管理制度比较完善、业务流程比较规范、管理水平相对较高的大中型企业,其应用对象可以是企业及企业各级所属单位(部门)、员工。　　（　）

13. 在绩效棱柱模型的实施程序中,优化战略和业务流程是企业开展绩效评价工作的行动方案,包括构建指标体系、分配指标权重、确定绩效目标值、选择计分方法和评价周期、签订绩效责任书等一系列管理活动。　　（　）

14. 如果说监督或约束是事后纠正,那么激励则是事先预防。激励的核心是使经营者将对个人效用最大化的追求转化为对公司利润最大化的追求。　　（　）

15. 对剩余支配权的分配,即如何在股东和经营者之间分配事后剩余或利润。如果一个契约能实现剩余最小化,那么这样的契约无疑是一种最优的选择。公司得到的剩余越接近于企业家开创性的努力,则激励效果越好。　　（　）

## 四、计算分析题

1. 某企业以经济增加值为目标,确定 2023 年增加值为 2 000 万元,目前该企业对 2023 年的财务规划如下:2022 年公司实现销售收入 20 000 万元,净利润为 2 000 万元,平均资产总额为 8 000 万元,平均无息流动负债为 800 万元。2023 年预计实现销售收入增长 10%,销售净利润、资产周转率不变,且平均无息流动负债与销售收入比例不变;拟投入研发费 500 万元;目前资产负债率为 60%,负债的平均利率(利息/负债)为 5%;所得税率为 25%,加权平均资本成本率为 10%。

要求:预测 2023 年经济增加值,并分析是否能实现既定目标。

2. 设计绩效棱柱模型。中国石油天然气集团有限公司(简称中国石油)在网站(http://www.cnpc.com.cn/cnpc/jtjj/jtjj_index.shtml)上指出:中国石油坚持以习近平新时代中国特色社会主义思想为指导,围绕建设世界一流综合性国际能源公司目标,坚持稳健发展方针,以提高质量效益为中心,大力实施资源、市场、国际化和创新战略,着力加强党的建设、弘扬石油精神、重塑良好形象、推进稳健发展,规划到 2020 年规模实力保持世界一流水平,经营业绩、国际竞争力达到国际大公司先进水平,在建设具有全球竞争力的世界一流企业进程中走在中央企业前列,为保障国家能源安全、实现中华民族伟大复兴的中国梦做出新的更大贡献。

要求:请根据年报和你能够找到的其他信息,为中国石油开发一个绩效棱柱模型。该绩效棱柱模型将帮助中国石油实现愿景,并监督其在执行战略行动方面的表现。

## 五、案例分析题

**案例一:经济增加值是否适用? ——天地科技公司案例**

在国务院国有资产监督管理委员会(简称国资委)2009 年年底颁布的《中央企业负责人经营业绩考核暂行办法》中,经济增加值(EVA)指标取代了原有的净资产收益率成为年度经营业绩考核的核心指标。

中国煤炭科工集团有限公司(简称中国煤炭科工)作为国有企业,在接受国资委关于 EVA 考评的同时,也将 EVA 考评向下延续至其二级子公司。这使得作为二级子公司的天地科技股份有限公司(简称天地科技)在接受中国煤炭科工关于 EVA 考评的同时也在思索一个问题——是否该对其子企业也进行 EVA 考评呢?公司内部对于该问题的讨论十分激烈,董事、高管和外部专家各有主张,EVA 的使用也被推向了风口浪尖。

天地科技究竟将何去何从?

(一)天地科技简介

天地科技是国内煤炭行业唯一具有采(采煤机)、掘(掘进机)、支(液压支架)、运(运输系统)、洗(洗煤)等全套高效煤炭生产机械装备综合配套能力和集科研、自主创新和设备制造于一体的上市公司。公司自上市以来,主营业务由煤机板块拓展为煤机板块和示范工程板块两部分。公司于 2002 年 5 月在上海证券交易所上市,股票代码为 600582。上市之初的控股股东为原煤炭科学研究总院。2008 年经国资委批准,原煤炭科学研究总院与中煤国际工程设计研究总院合并,组建中国煤炭科工,原煤炭科学研究总院所持本公司全部股份并无偿划转至中国煤炭科工,中国煤炭科工成为本公司的控股股东。目前,中国煤炭科工持有本公司 751、366、271 股股份,占本公司总股份数的 61.90%。天地科技与实际控制人之间的产权关系及控制权关系如图 11-1 所示。

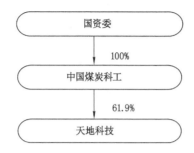

图 11-1 天地科技与实际控制人之间的产权及控制权关系

天地科技现有员工 17 000 多名,有 18 家控股公司和 3 家全资子公司,以及 4 个事业部和 4 个分公司。截至 2014 年底,资产总额为 285 亿元,2013 年实现营业收入 166 亿元,净利润为 16 亿元。

(二)中国煤炭科工简介

中国煤炭科工是经国务院批准,由中煤国际工程设计研究总院、煤炭科学研究总院两家中央企业于 2008 年 4 月合并组建,是国资委直接监管的中央企业。中国煤炭科工拥有 21 家二级子企业,分布于北京、上海、重庆、西安、太原、杭州、武汉、沈阳、南京等 10 多个中心城市,地理资源优势明显。中国煤炭科工现有员工 30 000 多名,拥有各类专业技术人员 10 000 多人,其中高级专业技术人员约 2 900 人(包括正高级职称 760 人);拥有中国工程院院士 1 人,国家级勘察设计大师 6 人,特聘兼职院士 6 人,享受国务院特殊津贴 650 人,持有各类注册职业资格证书人员 1 700 人。中国煤炭科工拥有工程总承包及工程设计、勘察、监理等十几项甲级资质;建设有 24 个煤炭工业重点实验室和 7 个国家级、6 个行业级质量监督检验测试中心、国家煤矿安全技术工程研究中心等 4 个国家级工程技术研究中心,以及国家矿用产品安全标志办公室等机构;5 个博士后科研工作站、2 个博士学位授权点、8 个硕士学位授权点。中国煤炭科工是国际采矿大会组委会等 10 多个国际学术组织的成员单位,与 20 多个国家的 100 多个机构建立了长期合作关系,在国际上享有崇高声誉。截至 2012 年底,资产总额为 354 亿元,2012 年实现营业收入 348 亿元。

(三)国资委、煤炭科工和天地科技对下属企业负责人的考核

(1)国资委对中央企业负责人的考核

国资委 2009 年年底颁布的《中央企业负责人经营业绩考核暂行办法》已经是这一办法的第二次修订,此次修订最大的变化是,在年度经营业绩考核指标中,EVA 指标取代了原有的净资产收益率成为业绩考核的核心指标。

国资委每年都会与中央企业签订年度经营责任书,其中会明确考核内容及指标。签订程序具体如下:

① 报送年度经营业绩考核目标建议值。每年第四季度,企业负责人按照国资委年度经营业绩考核要求和企业发展规划及经营状况,对照同行业国际国内先进水平,提出下一年

度拟完成的经营业绩考核目标建议值,并将考核目标建议值和必要的说明材料报送国资委。考核目标建议值原则上不低于上年考核指标实际完成值或者前三年考核指标实际完成值的平均值。

② 核定年度经营业绩考核目标值。国资委根据"同一行业、同一尺度"原则,结合宏观经济形势、企业所处行业发展周期、企业实际经营状况等,对企业负责人的年度经营业绩考核目标建议值进行审核,并就考核目标值及有关内容同企业沟通后加以确定。凡企业年度利润总额目标值低于上年目标值与实际完成值的平均值的,最终考核结果原则上不得进入A级(处于行业周期性下降阶段但与同行业其他企业相比仍处于领先水平的企业除外)。

③ 由国资委主任或者其授权代表同企业负责人签订年度经营业绩责任书。

④ 国资委对中央企业负责人年度经营业绩的考核指标包括基本指标与分类指标。基本指标包括利润总额和经济增加值指标。利润总额是指经核定的企业合并报表利润总额。利润总额计算可以加上经核准的当期企业消化以前年度潜亏,并扣除通过变卖企业主业优质资产等取得的非经常性收益。经济增加值是指经核定的企业税后净营业利润减去资本成本后的余额。分类指标是由国资委根据企业所处行业特点,针对企业管理"短板",综合考虑企业经营管理水平、技术创新投入及风险控制能力等因素确定的,具体指标在责任书中明确。

(2) 中国煤炭科工对下属企业负责人的考核

中国煤炭科工对二级子企业负责人进行年度综合考核评价,通过建立综合评价指标体系,以定量考核和定性评价相结合的方式,对企业特定经营期间的经营业绩、专项工作、科技创新、内部贡献、安全生产、企业管理、综合素质、党建工作等进行的综合评判。其中经营业绩的权重占50%~60%。

年度经营业绩考核指标包括基本指标与分类指标。基本指标包括利润总额和经济增加值指标。利润总额(正向指标)是指经核定的企业合并报表利润总额。利润总额扣除通过变卖企业主业优质资产等取得的非经常性收益。经济增加值(正向指标)是指经核定的企业税后净营业利润减去资本成本后的余额。(计算方法与国资委的方法相同,按照国资委的规定,中国煤炭科工的资本成本率为5.5%)。分类指标包括营业收入、科技创新收入占营业收入的比重、成本费用总额占营业收入的比重和应收账款周转率。贸易型企业用资产负债率指标代替科技创新收入占营业收入的比重指标。

基本指标的基本分为70分,其中:利润总额35分,经济增加值35分。分类指标的基本分为30分,其中:营业收入5分,科技创新收入占营业收入的比重10分,成本费用总额占营业收入的比重10分,应收账款周转率5分。资产负债率代替科技创新收入占营业收入的比重指标的基本分保持不变。

(3) 天地科技对下属企业负责人的考核

天地科技对下属单位经营单位领导人员综合考核评价内容为素质(占25%)、能力(占25%)和业绩(占50%)三个方面,共设八项指标:素质包括政治素质、职业素养、廉洁从业;能力包括决策能力、执行能力、创新能力;业绩包括班子业绩、个人贡献。

年度经营业绩考核指标包括财务指标和非财务指标两类,其中财务指标包括主营业务收入、净利润、合同额、应收款、经营活动现金流量和净资产收益率六类。非财务指标根据各经营单位基本情况和年度内经营重点的不同而设置,旨在考核关系公司成长发展中各经营单位非财务指标反映的重大信息,以实现公司战略规划所要求的核心竞争力的某几个方面的改进,使考核对象充分考虑公司的长远发展。非财务指标主要有科技开发、投资技改、其他目标三类。"科技开发"指标为承担国家纵向、总院管理项目及公司立项研发项目单位的考核必选指标,"投资技改"指标为有投资、技改项目单位考核的必选指标,"其他目标"指标的具体内容由公司根据各经营单位的年度工作重点同各经营单位共同确定。年度经营考核财务指标和非财务指标各 100 分。

### (四)天地科技对经济增加值的评价

在天地科技内部,大家对是否使用经济增加值作为对下属企业负责人的考核指标存在争议。在一次全体董事和高级管理人员参加的讨论会上,他们还邀请了一位外部专家来解释经济增加值。

一位董事说:"我们是央企下属的上市公司,就应该遵循国资委的精神。既然国资委对央企采用经济增加值考核,中国煤炭科工对我们也采用经济增加值考核,为什么我们不对下属企业采用经济增加值考核呢?"

另一位董事说:"你的思路不太对啊!天地科技是上市公司,管理制度设计的目的是有利于公司发展和价值增加,不能仅仅从大股东的角度考虑,也不能简单地大股东考核我们什么我们就考核下属企业什么。"

"你们不要争了。让我们先听听专家对经济增加值的分析。"董事长说。

外部专家指出,与传统的基于利润的考核指标相比,经济增加值最大的优势就是考虑了资本成本。虽然在计算利润的过程中,已经将负债的资本成本(主要表现为利息费用)扣除了,但是利润指标没有考虑所有者权益的资本成本(这是一种机会成本)。经济增加值的含义就是看企业实现的价值增值,即超出资本成本的部分。

财务总监插话说:"在国资委的考核办法中,企业的资本成本率已经给定了,是 5.5%。但是理论上不是每个企业有着不同的资本成本吗? 现在市场上贷款的成本大约 6%,一般情况下银行会给我们打九折,形势严峻的时候银行会多要 5%~10%。国资委定的资本成本率大致相当于我们的贷款利率,甚至还会低些。这个好像也和理论上不一致吧。"

"是的。国资委考核办法中的经济增加值与理论上的经济增加值并不一致,无论是在资本成本率的确定上,还是对净利润的调整方面。国资委的经济增加值更多的是借用了经济增加值的思想——即考虑所有者权益的机会成本。这在某种意义上可以遏制企业不断做大的冲动。因为如果资产增加不能带来相应的利润增长,企业资产规模越大,就会使经济增加值越小。"外部专家接着说。"但是,如果以经济增加值为核心,而计算经济增加值所用的资本成本率不同于企业实际的资本成本率,则可能使企业的投资行为发生歪曲,这也不得不考虑啊!"

接下来的讨论很热烈,但是没有形成统一的观点。引入经济增加值利大于弊还是弊大于利并无定论。最后董事长决定,既然大家没有形成一致的观点,就暂缓引入经济增加值吧。

### (五)小结

虽然天地科技内部尚未对是否应该用经济增加值考核子企业得到统一结论,但激烈的讨论无疑为其他国有控股上市公司解决该问题提供了多种多样的视角。

要求：

(1) 国资委的经济增加值考核存在什么问题？可能会导致什么结果？

(2) 你认为天地科技在对下属企业考核时是否应该引入经济增加值？

(3) 天地科技如果用经济增加值的话，应该采用理论值还是国资委口径值？

（资料来源：支晓强.经济增加值是否适用？——天地科技公司案例，中国管理案例共享中心.）

**案例二：上海家化控制权变迁中的权力博弈与股权激励设计动机**

**（一）上海家化的第一轮股权激励**

自 2006 年起，隶属于上海市国资委的上海家化联合股份有限公司（简称上海家化）开始尝试推行股权激励计划。2006 年 7 月 25 日，上海家化披露其首次股权激励计划。该计划经两次修订后，得到国资委的认可，2008 年 1 月 12 日经股东大会审议通过后开始实施（见表 11-1）。

**表 11-1　第一轮股权激励计划**

| 项目 | 草案（2006 年 7 月 25 日） | 最终实施方案（2007 年 12 月 26 日） |
|---|---|---|
| 激励方式 | 限制性股票 | 未变更 |
| 激励数量 | 1 600 万股，占总股本的 9.13% | 560 万股，占总股本的 3.2% |
| 授予价格 | 计算方法：在该激励计划草案摘要公布日前 90 个交易日（不含公布日）的收盘价的简单算术平均值×90%；取值：8.94 元/股 | 未变更 |
| 禁售与解锁期 | 分 3 次授予，禁售期 6 个月 | 一次性授予，禁售期 2 年，解锁期 3 年 |

**（二）上海家化的第二轮股权激励**

2011 年底，上海市国资委将其持有的上海家化 100% 股权转让给中国平安集团的子公司上海平浦投资有限公司（简称平铺投资），相关的工商登记变更手续于 2012 年 2 月 16 日完成。2012 年 4 月，变身为非国有企业的上海家化推出了第二轮股权激励计划（见表 11-2）。终极控股股东的变更直接改变了上海家化的所有权性质，但在短期内对其董事会和管理层并没有造成很大的影响。在推出第二轮股权激励计划时，公司的董事会成员并没有发生变化，而且中国平安作为新的终极控股股东尚未在董事会中占有席位。

**表 11-2　第二轮股权激励计划**

| 激励方式 | 限制性股票 |
|---|---|
| 激励数量 | 2 540.5 万股，占总股本的 6.01% |
| 授予价格 | 计算方法：在审议通过该激励计划草案的董事会决议日前 20 个交易日的股票均价×50%；取值：16.41 元/股 |
| 禁售与解锁期 | 禁售期：自授予日起 12 个月；解锁期：3 年，按所获限制性股票总量的 40%、30% 和 30% 分三期申请解锁 |

**（三）上海家化的第三轮股权激励**

在所有权变更后，随着创业元老级董事长及其团队的退出，2013—2014 年上海家化的核心管理层和董事会成员发生了较大的变化。最终,由终极控股股东推荐的候选人成功上任董事长和薪酬考核委员会委员,这标志着控股股东在董事会中的权力提升。在拥有公司的实质控制权后,2014 年 4 月 10 日,上海家化推出了针对董事长的股票增值权激励计划。2015 年 3 月 17 日和 19 日,又进一步推出了除董事长以外的管理层股权激励计划。本案例将其统称为上海家化的第三次股权激励方案(见表 11-3)。

**表 11-3　第三轮股权激励计划**

| (一)董事长长期激励计划 | |
| --- | --- |
| 激励方式 | 股票增值权 |
| 激励数量 | 首期授予 484 653 份,第二期和第三期授予数量所对应的虚拟股票总价值不低于首期授予时股票增值权所对应的虚拟股票总价值 |
| 授予价格 | 首期,在董事会审议通过该方案之日前 30 个交易日的平均收盘价,取值为 34.4 元;第二期和第三期,在授予日前 30 个交易日的平均收盘价 |
| 等待期与有效期 | 首期、第二期和第三期的等待期分别为 3 年、2 年和 1 年,有效期为 6 年 |
| (二)管理层股权激励计划 | |
| 激励方式 | 限制性股票+股票期权 |
| 激励数量 | 80.80 万份股票期权,占总股本的 0.1202%;179.82 万份限制性股票,占总股本的 0.2674% |
| 授予(行权)价格 | 限制性股票的授予价格:在该激励计划草案摘要公布前 20 个交易日的均价×50%,取值为 19.61 元;股票期权的行权价格:在该激励计划草案摘要公布前一个交易日的收盘价与前 30 个交易日的平均收盘价中较高者 |
| 等待期与有效期 | 禁售(等待)期为 12 个月,其后分 3 次解锁(行权),有效期为 4 年 |

要求:根据上海家化的三次股权激励计划方案及其实施背景,分析大股东治理行为的变化是否会对管理层实施股权激励的动机产生影响?管理层对此会做出怎样的反应?

## 六、拓展题

结合本章思政元素,请编写一则相关案例或者撰写一篇相关小论文,字数不少于 300 字。

**【参考答案】**

## 一、单项选择题

| 题号 | 1 | 2 | 3 | 4 | 5 | 6 | 7 | 8 | 9 | 10 |
| --- | --- | --- | --- | --- | --- | --- | --- | --- | --- | --- |
| 答案 | C | C | A | B | A | B | C | A | D | C |
| 题号 | 11 | 12 | 13 | 14 | 15 | 16 | 17 | 18 | 19 | 20 |
| 答案 | D | B | A | C | D | B | A | C | D | C |

## 二、多项选择题

| 题号 | 1 | 2 | 3 | 4 | 5 |
|------|------|------|------|------|------|
| 答案 | ABCD | ABCDE | BC | BCD | ABCD |
| 题号 | 6 | 7 | 8 | 9 | 10 |
| 答案 | ABC | ABD | ABD | ABCDE | ABCD |
| 题号 | 11 | 12 | 13 | 14 | 15 |
| 答案 | ABCDE | ABCDE | DE | ABC | ABD |
| 题号 | 16 | 17 | 18 | 19 | 20 |
| 答案 | ABC | BD | BCD | BCE | ABCE |

## 三、判断题

| 题号 | 1 | 2 | 3 | 4 | 5 | 6 | 7 | 8 | 9 | 10 |
|------|---|---|---|---|---|---|---|---|---|----|
| 答案 | √ | √ | × | × | √ | × | × | × | √ | √ |
| 题号 | 11 | 12 | 13 | 14 | 15 | | | | | |
| 答案 | × | × | × | √ | × | | | | | |

## 四、计算分析题

1. 解：

净利润＝2 000×(1＋10％)＝2 200(万元)

平均资产＝8 000×(1＋10％)＝8 800(万元)

平均无息流动负债＝800×(1＋10％)＝880(万元)

平均负债＝8 800×60％＝5 280(万元)

有息负债＝5 280－880＝4 400(万元)

利息支出＝4 400×5％＝220(万元)

税后净营业利润＝2 200＋(220＋500)×(1－25％)＝2 740(万元)

调整后资本＝8 800－880＝7 920(万元)

经济增加值＝2 740－7 920×10％＝1 948(万元)

由于预计的经济增加值低于目标经济增加值(2 000万元)，因此，不能实现目标。

2. 解：

略。

## 五、案例分析题

案例一解析：

(1) 国资委的经济增加值考核存在以下问题：

① 盲点："新""老"问题。

首先,由于中央企业历史悠久且在国有企业改革中经历了重组等一系列变化。因此,出现了新企业和老企业的区别。老企业的历史大都在几十年以上,固定资产的造价相对较低,造成资本占用额较低,相应地每年计提的折旧额较低,盈利水平较高。加之大量的固定资产已经提足了折旧,但是因为不间断的更新改造投资,使得固定资产寿命延长,仍然可以生产而不必计提折旧,这会大大提高老企业在后期的利润额。这些优势从不同方面使得老企业的 EVA 水平好于新企业。这是因为,在不考虑收益率和资本成本率差别的情况下,老企业以较低的折旧换取了和新企业等量的收入,税后净营业利润较高而资本占用水平较低且逐年递减,从而 EVA 水平较高。

其次,特别是当老企业的大部分固定资产折旧计提完毕之后一年,因为已经不再计提折旧,所以会造成利润水平的大幅提高,而资本占用水平也降至最低,从而 EVA 率显著高于往年。新的企业大都在近两三年内建成投产,由于物价指数的上涨造成基本建设投资额远远大于老企业当时的投资额。由此带来两个方面的问题:一是新企业年均折旧额相对较大,导致利润水平降低;二是资本占用额相对较高。

上述情况导致 EVA 考核会有利于老企业而不利于新企业,在设计 EVA 考核方案的过程中必须要注意解决。这个问题仅仅涉及那些可以明确划分为新建或老旧的企业,对于现在大量的企业来讲是既有新建部分,又有老旧部分,新老部分的比例不平衡问题也需要解决。

② 重点:调整项目的差异。

利息费用的扣除问题:EVA 公式的调整原理是,在计算税后净营业利润时利息费用要被加回到净利润中,将其作为债务资本成本在计算资本成本时一并考虑。目前的做法是将报表上的财务费用科目的余额作为调整数。此法的不妥之处在于财务费用中已经抵扣了利息收入、财务收益等内容,这些被抵扣的项目体现出企业融资活动的收益,是财务费用支出的抵减项。而这部分收益对于部分企业集团内的金融公司来讲就是经营收益,应该计入净利润,有些企业在账务处理上可以将这种收入冲减财务费用。如果调整税后净营业利润是按照财务费用调整,那么对于利息收入较多的企业来讲就会导致税后净营业利润比实际的小,进而 EVA 比实际的低。此外,目前的公司对利息费用的调整是扣除了所得税的影响。但是从所有者的角度来看,其实考虑的资本成本就是权益资本成本,企业作为独立的法人,对其债务承担还本付息的义务,本身就已经考虑了资本成本,且税法规定利息费用可以税前扣除,所有者应该承认企业负债利息的抵税效应。

调整项目的完整性问题:工程物资和在建工程同样作为不能为当期实际创造利润的长期性持续性投资,不应包括在资本占用当中,当期完工并转入固定资产时才计入。照此原理,没有进入在建工程和工程物资科目核算的其他项长期性持续性投资项目,如工程预付款、用于工程项目的低值易耗品、工程用固定资产净值、生产人员工资及提前进场费用、无形资产及其他(主要为未摊入工程的土地使用权)、列入基建支出的折旧等,都可以在计算资本占用时扣除。

减值准备:EVA 的计算原理认为,资产减值准备不反映企业的真实经济利润的损失,实际发生的损失才是损失,因此仅仅把实际发生的损失进行扣除。而各种资产减值准备易被管理层操纵,计算税后净营业利润时要加回来。此项调整的后果是增加了税后净营业利润,减少存货的净值,从而减少了总资产,最终减少了资金占用。此项调整容易导致下属子公司在存货管理上的不科学。虽然减值准备是由市价下跌造成的,但是由于对市价的判断失误造成的减值应该体现了企业的管理水平。如煤价上涨期增加库存,后期煤价下跌后形成潜亏,因此从账面上计提存货的跌价准备。此举减少了当期净利润,导致企业本期的业绩下降。但是从长期来讲,流动资产的减值准备是有转回的可能性的,会计准则也是允许转回的,并不会对企业长期的经济利润造成影响。因此,从 EVA 追求长期价值的理念来讲,流动资产减值损失的调整是没有必要的,但长期资产的减值情况很难说是与经营水平相关的,且长期资产减值在会计上不允许转回。从这个角度说,流动资产减值可以不调整税后净营业利润,而长期资产的减值准备是需要调整的。目前的调整办法是对减值准备不加区别一律调整。

③ 难点:资本成本率的确定。

资本成本率的确定是一个难点。理论上资本成本计量方法是采用加权平均资本成本(WACC),债务资本成本根据企业的实际情况确定,权益资本成本的确定要体现行业的风险差异,将涉及复杂的模型运算、海量数据的采集与处理,通常采用资本资产定价模型(CAPM)来计算。但 CAPM 由于涉及贝塔值只在上市公司中才能使用。然而,有学者认为贝塔值并不能完全反映企业的全部风险因素,何况中国资本市场尚不成熟,股票交易价格的形成机制并不能充分反映上市公司的风险与价值。中央企业都是大型企业集团,旗下有上市公司和非上市公司,更涉及多个行业,使得权益资本的真实成本难以反映。

跨行业的资本成本确定通常有两种方式:一种做法是根据经验数据确定统一的资本成本数值;另一种较普遍采用的方法是在某一期限的银行贷款利率上人为加减若干百分点,所得到的百分率即被指定为资本成本。国资委考核中央企业的资本成本率统一定为5.5%。

统一的资本成本会造成 EVA 考核的不公平。低风险企业的 EVA 因统一高资本成本而被压低,高风险企业的 EVA 因低资本成本而被抬高,反映在激励分配上会出现"苦乐不均"现象,大大降低了激励应得到得消音,还将驱使财务与战略资本投向高风险的产业。

(2)① 中国作为央企下属的上市公司,应该遵循国资委的精神。既然国资委对央企采用经济增加值考核,中国煤炭科工对天地科技也采用经济增加值考核,那么天地科技对下属企业也应该采用经济增加值考核。经济增加值有以下优点:a. 对指标的要求;b. 指标的单一化;c. 指标的综合性;d. 计算的便捷性。

② 天地科技是上市公司,管理制度设计的目的是有利于公司发展和价值增加,不能仅仅从大股东的角度考虑,也不能简单地大股东考核天地科技什么,天地科技就考核下属企业什么。经济增加值有以下缺点:

a. 对会计指标调整的复杂性:过于复杂,使大多数员工很难理解。

b. 资本成本计算的复杂性:在国资委的考核办法中,企业的资本成本率已经给定为5.5%。但是理论上每个企业有着不同的资本成本率。对于天地科技,流动资金贷款利率约为6%,长期贷款利率为7.2%~7.5%,加权平均资本成本率约为15%,与国资委给定的5.5%有较大程度的偏离。

c. EVA 与股价表现不一致。

(3)国资委考核办法中的经济增加值与理论上的经济增加值并不一致,无论是在资本成本的确定上,还是对净利润的调整方面。国资委的经济增加值更多的是借用了经济增加值的思想——即考虑所有者权益的机会成本。这在某种程度上可以遏制企业不断做大的冲动。因为如果资产增加不能带来相应的利润增长,企业资产规模越大,就会使经济增加值越小。但是,如果以经济增加值为核心,计算经济增加值所用的资本成本率不同于企业实际的资本成本率,则可能使企业的投资行为发生歪曲,这也需要考虑。

案例二解析:

股权激励计划的设计动机体现的是管理层与控股股东权力博弈的结果。股权激励预案由董事会提出,在管理层控制董事会时,股权激励预案容易成为管理层自定薪酬、自谋福利的工具;但董事会在推出股权激励预案时需考虑该预案能否在股东大会上表决通过,得到控股股东的认可。因此,控股股东积极的监督作用可以与管理层的权力形成制衡,抑制股权激励设计中的福利动机。提出第一次和第二次股权激励方案的上海家化董事会虽都由相同的管理层控制,但两轮股权激励契约的条款设计却迥然不同,原因在于两次股权激励推出时公司控股股东的治理效应发生了变化。在第一次股权激励方案推出时,公司的终极控股股东是上海市国资委,国有企业"弱约束"问题使国有控股股东对管理层的行为无法进行实质有效的监督,导致该轮股权激励契约的设计完全体现了管理层自谋福利的动机。第二次股权激励方案是在公司刚变更为非国有企业时提出的,非国有控股股东尚未取得公司实质控制权,为了保障自身利益不被管理层侵占,发挥了积极的监督作用。这在一定程度上抑制了股权激励设计的福利动机,实现了股权激励缓解管理层代理冲突的激励动机。在经历了控制权之争的阵痛和管理团队更替的波折后,控股股东通过控制上海家化董事会,有效缓解了管理层代理问题。此时推出的第三次股权激励计划不再是为了缓解管理层代理冲突,而是成为现金流权和控制权分离的控股股东收买管理层的工具。

## 六、拓展题

答案略。

# 第十二章　战略管理会计

**【思维导图】**

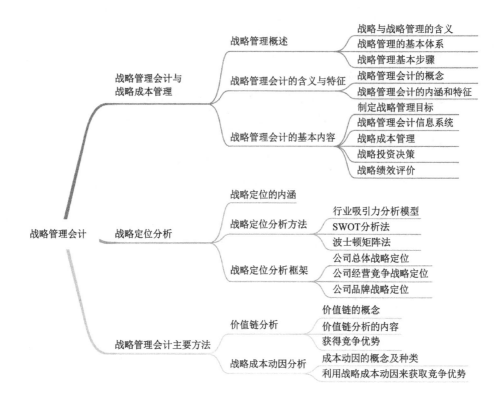

**【学习指导】**

## 一、学习目的和要求

本章的学习目的是让学生在了解战略管理会计相关概念及其原理的基础上,了解战略管理会计研究的内容,明确战略管理会计在企业经营决策中应用的技巧。

本章的学习要求是:了解战略管理会计的产生与发展,以及战略管理会计与战略管理的关系;明确战略管理会计的概念;掌握战略管理会计的特征;熟悉战略管理会计的基本程序;明确战略管理会计的研究内容;熟悉结构性成本动因与执行性成本动因的特征以及战略定位的内容;领会各种竞争战略的基本思想。

## 二、学习重点与难点

（1）公司总体战略、经营竞争战略的定位与类型；

（2）价值链分析和战略成本动因分析。

## 【章节练习】

### 一、单项选择题

1. 在学术界，正式提出"战略管理"一词是在（　　）。

A. 20 世纪 50 年代　　　　　　　　B. 20 世纪 60 年代

C. 20 世纪 70 年代　　　　　　　　D. 20 世纪 80 年代

2. 下列项目中，属于战略管理核心问题的是（　　）。

A. 确定企业目前的宗旨和目标　　　B. 分析环境

C. 制定战略　　　　　　　　　　　D. 组织实施

3. 下列各项中，属于战略管理特点的是（　　）。

A. 长期性　　　　　　　　　　　　B. 全面性

C. 层次性　　　　　　　　　　　　D. 动态性

4. 有助于企业加强内部成本管理，确保战略目标实现的是（　　）。

A. 结构性成本动因分析　　　　　　B. 执行性成本动因分析

C. 规模性成本动因分析　　　　　　D. 技术性成本分析

5. 围绕企业的优势与劣势、机会与威胁所开展的分析，在战略管理会计中属于（　　）。

A. 经营环境分析　　　　　　　　　B. 战略定位分析研究

C. 价值链分析　　　　　　　　　　D. 竞争能力分析

6. 如果供应商的讨价还价能力强，企业处于劣势时，则表明（　　）。

A. 供应商的产品供大于求　　　　　B. 供应商的产品无法替代

C. 供应商的产品销路不畅　　　　　D. 供应商无参与本行业竞争的意图

7. 下列各项中，属于有较高市场增长率和较高市场占有率业务的是（　　）。

A. 瘦狗类　　　　　　　　　　　　B. 金牛类

C. 明星类　　　　　　　　　　　　D. 野猫类

8. 如果公司业务组合矩阵中处在"金牛"状况下，则公司应采取（　　）。

A. 收获战略　　　　　　　　　　　B. 增长战略

C. 撤退战略　　　　　　　　　　　D. 固守战略

9. 企业通过避免直接竞争来取得成功，这种战略是（　　）。

A. 成本领先战略　　　　　　　　　B. 差异化战略

C. 专一化战略　　　　　　　　　　D. 竞争优势战略

10. 在历史上，最早提出成本领先、差异化和专一化三种竞争战略的人是（　　）。

A. 钱德勒　　　　　　　　　　　　B. 安瑟夫

C. 魁因　　　　　　　　　　　　　D. 波特

11. 在 1981 年首次提出"战略管理会计"一词的是著名管理学家（　　）。

A. 波特
B. 西蒙

C. 安瑟夫
D. 卡普兰

12. 企业的宗旨和目标可以解决的问题是（　　）。

A. 企业到底从事什么产品的生产
B. 企业到底从事什么事业

C. 企业到底往哪里去
D. 企业到底依靠什么

13. 波士顿咨询集团于 20 世纪 70 年代初开发了（　　）。

A. 产品组合矩阵方法
B. 成本组合矩阵方法

C. 费用组合矩阵方法
D. 业务组合矩阵方法

14. 如果某产品的市场占有率高，但市场增长率不高，该种状况被称为（　　）。

A. 瘦狗类
B. 金牛类

C. 明星类
D. 野猫类

## 二、多项选择题

1. 下列各项中，属于导致战略管理会计产生和发展的原因的有（　　）。

A. 电子计算机技术的进步
B. 社会生产关系的进步

C. 战略管理理论的推动
D. 社会生产力的进步

E. 战略术语的引入

2. 下列各项中，能够揭示战略管理会计明显特征的表述有（　　）。

A. 提供多样化的会计信息
B. 改进了项目评价的尺度

C. 改进了业绩评价的尺度
D. 内部管理和控制方法不断创新

E. 拓宽了传统管理会计的研究范围

3. 下列各项中，属于战略管理层次的有（　　）。

A. 公司层战略
B. 经营层战略

C. 职能层战略
D. 资源层战略

E. 产品层战略

4. 下列各项中，属于战略管理会计研究内容的有（　　）。

A. 企业的经营环境分析
B. 价值链分析

C. 竞争能力分析
D. 竞争战略的选择

E. 竞争优势的保持

5. 从战略的角度看，成本动因的内容应当包括（　　）。

A. 结构性成本动因
B. 执行性成本动因

C. 规模性结构动因
D. 技术性结构动因

E. 能力性成本动因

6. 下列关于产业价值链分析的说法正确的有（　　）。

A. 是指整个产业的纵向整体分析

B. 可以帮助企业明确自己在产业价值链中的位置

C. 企业与下游间的连接关系也会影响其成本结构

D. 是由企业内部的一连串"价值活动"所构成的

E. 需要通过对竞争对手的价值链调查来展开分析

7. 分析企业竞争能力,需要分析企业的(  )。

A. 优势                 B. 劣势

C. 成绩                 D. 机会

E. 威胁

8. 下列各项中,能体现供应商讨价还价能力强的具体表现有(  )。

A. 供应产品质量的相对提高        B. 供应产品质量的相对降低

C. 供应价格的提高            D. 供应价格的降低

E. 供应范围的扩大

9. 下列各项中,能体现顾客讨价还价能力强的具体表现(  )。

A. 顾客购买量占企业销售量的比重大

B. 顾客没有很多可供选择的供应者

C. 产品对顾客具有独特的吸引力

D. 顾客有变外购为自产的意图

E. 企业销售产品的定价水平高

10. 下列各项中,属于战略管理目标的有(  )。

A. 谋取成本最小化            B. 谋取利润最大化

C. 形成企业竞争优势          D. 使贡献边际最大化

E. 创造企业的核心竞争力

11. 竞争战略是由迈克尔·波特提出,具体包括(  )。

A. 成本领先战略             B. 增长型战略

C. 差异化战略               D. 组合型战略

E. 专一化战略

12. 企业价值链分析的内容包括(  )。

A. 产品生产合理配合分析         B. 作业链分析

C. 成本动因分析             D. 资源动因分析

E. 成本优势分析

13. 下列各项中,属于结构性成本动因的有(  )。

A. 规模                 B. 范围

C. 产品设计               D. 工厂的布局

E. 厂址

14. 企业价值链分析的对象比较宽泛,涉及(  )。

A. 供应商               B. 顾客

C. 企业本身              D. 行业本身

E. 产业本身

15. 下列各项中,属于结构性成本动因基本特征的有(  )。

A. 成本一旦确定常常难以变动     B. 发生的支出属于资本性支出

C. 其程度越高越好            D. 成本一旦确定常常可以改变

E. 发生的支出属于收益性支出

16. 分析企业的竞争强度,可以从不同方面做出判断,这些方面主要有(  )。

A. 同行业中不同企业内部资源的对比　　B. 潜在或新进入者的障碍分析

C. 供应商的讨价还价能力分析　　D. 顾客的讨价还价能力分析

E. 替代产品的威胁分析

17. 要明确企业的优势和劣势、机会与威胁,最有效的途径是将同产业中不同企业的内部资源进行对比,下列各项中,可供比较的项目有(　　)。

A. 产品　　B. 管理

C. 研究与开发　　D. 市场

E. 战略

18. 如果某公司已估计到可能存在新的竞争者,而市场容量又无限制,在这种情况下,该公司可以采取的措施有(　　)。

A. 继续投资,形成经济规模　　B. 对同类型企业进行兼并

C. 退出该产业　　D. 更新产品

E. 与其合作

19. 下列各项中,能够揭示实施低成本战略特征的有(　　)。

A. 追求广阔的市场　　B. 生产有限的产品品种

C. 追求低价格　　D. 追求高价格

E. 生产多种产品品种

20. 战略管理会计条件下,要求企业适应内外环境的变化而采用一些更为先进的内部管理和控制方法,这些方法包括(　　)。

A. 适时生产系统　　B. 作业成本法

C. 全面质量管理　　D. 公司再造工程

E. 标杆制度

## 三、判断题

1. 1972 年,美国学者迈克尔·波特首先提出战略管理这一概念。　　(　　)

2. 在国际上,首次提出"战略管理会计"一词的具体时间是 1981 年。　　(　　)

3. 战略管理会计与传统管理会计相比更加重视非货币性的会计信息。　　(　　)

4. 制定企业战略只包括企业的总体战略而不包括企业的分层战略。　　(　　)

5. 特定产业环境属于企业经营环境中的内部环境。　　(　　)

6. 成本动因是导致成本发生的因素,战略管理会计认为企业成本的高低只与业务量有关。　　(　　)

7. 根据成本动因理论,产品设计的可接受性是指产品工艺的设计是否合理。　　(　　)

8. 产业的价值链分析是指对整个产业所进行的横向整体分析。　　(　　)

9. 投资收益率的高低是决定企业采取相应竞争战略以及战略定位的重要因素之一。　　(　　)

10. 替代产品的出现常常会加剧所属产业中不同企业之间的竞争。　　(　　)

11. 如果选择的新产业的投资收益率大于该企业目前的整体投资收益率,则企业应进入新产业,否则就不应进入。　　(　　)

12. 低成本战略要求企业在采用此种战略时,必须在促销方面投入大量的资金以扩大

其产品的影响。 （　　）

13. 通过结构性成本动因分析,有助于企业做出横向规模和纵向规模的战略决策。

（　　）

14. 传统成本管理,实质上采用了"竞争优势"观念。 （　　）

15. 战略管理的重点不在于战略的实施,而在于战略的决策。 （　　）

16. 在通常情况下,操作性成本动因的程度越高越好。 （　　）

17. 战略管理会计更加重视非货币的会计信息,如未来的市场份额、已有的影响、消极的作用、激励程度等。 （　　）

18. 如果实际中某产品的市场增长率高,但市场占有率低,该种状况被称为"瘦狗"。在这种情况下,投资风险较大,公司在制定战略时要格外小心。 （　　）

19. 如果某企业拟占有较广阔的市场,该企业只能采取低成本战略。 （　　）

20. 如果某企业产品定价较高,则可以断定该企业采取的是差异化战略。 （　　）

## 四、案例分析题

案例:从战略管理会计角度进行的零部件自制与外购的综合决策案例

某计算机信息公司是一家小型企业。由于公司在服务和可靠性方面有很好的信誉,因此顾客在不断增长。该公司所需零部件的采购成本是 500 元,其中价值 300 元的部分也可以自制,自制的单位材料成本是 190 元,每月的人工和设备成本是 55 000 元。该公司目前拟进行该部分零部件是自制还是外购的决策。

如果该公司自制零部件,还拟将营销、运送货物和服务外包给 B 公司,这样每月可为该公司节约成本 175 000 元。外包的合同价是在每月平均销售 600 台计算机的基础上,每台的价格是 130 元。该公司对此利用价值链、竞争能力等分析进行最终的综合决策。

该公司利用价值链分析确定,产业价值链包括设计、原材料采购、零部件的形成、计算机装配、销售、最终用户六个环节。除上述资料外,该公司目前的主要作业生产是将从外部电子公司购入的零部件和少量的金属加工件装配成产品,装配的单位成本是 250 元。依据上述资料,该公司据此编制的产业价值链分析表见表 12-1。

表 12-1　计算机信息公司的产业价值链分析表

| 价值作业 | 方案 | |
|---|---|---|
| | 维持目前状况(外购零部件) | 自制零部件(同时外包销售、货物运送和服务) |
| 设计 | 该公司与此价值链无关 | |
| 原材料采购 | 该公司与此价值链无关 | |
| 只能外购的零部件 | 采购这些零部件的单位成本是 200 元 | |
| 既可自制也可外购的零部件 | 采购这些零部件的单位成本是 300 元 | 该公司的单位材料成本为 190 元,外加每月固定费用 55 000 元 |
| 装配 | 单位成本为 250 元 | |
| 销售、货物运送和售后服务 | 每月成本为 175 000 元 | 外包给 B 公司,单位成本为 130 元 |

要求:分别按传统管理会计和战略管理会计的方法为该企业做出零部件是自制还是外

购的决策。

## 五、拓展题

结合本章思政元素,请编写一则相关案例或者撰写一篇相关小论文,字数不少于 300 字。

## 【参考答案】

## 一、单项选择题

| 题号 | 1 | 2 | 3 | 4 | 5 |
|---|---|---|---|---|---|
| 答案 | C | A | D | B | B |
| 题号 | 6 | 7 | 8 | 9 | 10 |
| 答案 | B | C | A | B | D |
| 题号 | 11 | 12 | 13 | 14 | |
| 答案 | B | B | A | B | |

## 二、多项选择题

| 题号 | 1 | 2 | 3 | 4 | 5 |
|---|---|---|---|---|---|
| 答案 | ABCDE | ABCDE | ABC | ABCD | AB |
| 题号 | 6 | 7 | 8 | 9 | 10 |
| 答案 | ABC | ABDE | BCE | AD | CE |
| 题号 | 11 | 12 | 13 | 14 | 15 |
| 答案 | ACE | ABC | ABE | ABC | AB |
| 题号 | 16 | 17 | 18 | 19 | 20 |
| 答案 | ABCDE | ABCDE | AD | ABC | ABCDE |

## 三、判断题

| 题号 | 1 | 2 | 3 | 4 | 5 |
|---|---|---|---|---|---|
| 答案 | × | √ | √ | × | × |
| 题号 | 6 | 7 | 8 | 9 | 10 |
| 答案 | × | × | × | √ | √ |
| 题号 | 11 | 12 | 13 | 14 | 15 |
| 答案 | √ | × | √ | × | √ |
| 题号 | 16 | 17 | 18 | 19 | 20 |
| 答案 | √ | × | × | × | √ |

## 四、案例分析题

案例解析：

依题意，假设该公司的月销售量为 600 台，按照传统管理会计的计算，两方案的相关成本计算如下：

方案一的相关成本＝300×600 ＋ 175 000 ＝ 355 000(元)

方案二的相关成本＝(190+130)×600 ＋ 55 000 ＝ 247 000(元)

计算结果表明，该公司应选择方案二，这样可以使该公司每月节约成本 108 000(355 000－247 000)元。

从战略管理会计的角度看，该公司必须结合公司的竞争战略情况进行综合考虑。

首先，该公司认为销售之所以不断增长的原因是顾客满足于该公司的服务和可靠性，这是该公司的优势，如果将该公司的销售、货物运送和服务外包给其他公司是不明智的，这样做，有可能会降低该公司的市场份额。

其次，如果该公司变外购零部件为自制零部件，这样就会使该公司走向与其他制造商进行低成本竞争的道路，而该公司的规模较小，若与产业价值链该环节中已经存在并富有竞争力的大公司(如 IBM、COMPAQ、DELL)相互竞争，该公司实行低成本竞争成功的可能性不大，因为这不是该公司的优势所在。

因此，从战略管理会计的角度来看，应选择方案一。但该方案的成本较高，应予以高度重视，经过进一步的分析，该公司确定了成本高的相关作业，从而为采取措施降低成本提供了依据。另外通过上述分析，该公司的竞争优势和劣势予以充分揭露，这为公司的战略修订与决策提供了重要的信息。

## 五、拓展题

答案略。

# 第十三章　价值链成本管理

**【思维导图】**

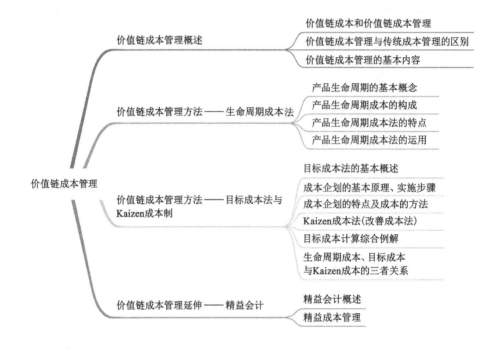

价值链成本管理

- 价值链成本管理概述
  - 价值链成本和价值链成本管理
  - 价值链成本管理与传统成本管理的区别
  - 价值链成本管理的基本内容

- 价值链成本管理方法——生命周期成本法
  - 产品生命周期的基本概念
  - 产品生命周期成本的构成
  - 产品生命周期成本法的特点
  - 产品生命周期成本法的运用

- 价值链成本管理方法——目标成本法与Kaizen成本制
  - 目标成本法的基本概述
  - 成本企划的基本原理、实施步骤
  - 成本企划的特点及成本的方法
  - Kaizen成本法(改善成本法)
  - 目标成本计算综合例解
  - 生命周期成本、目标成本与Kaizen成本的三者关系

- 价值链成本管理延伸——精益会计
  - 精益会计概述
  - 精益成本管理

**【学习指导】**

## 一、学习目的与要求

1. 了解价值链成本管理思想；
2. 理解价值链成本管理的特点及与传统成本管理的不同；
3. 理解并关注价值链成本管理的方法；
4. 理解社会需求、科技发展对成本管理的影响；
5. 理解并掌握生命周期成本与目标成本法的基本内容；
6. 理解精益生产环境下产品成本如何分配。

## 二、学习重点与难点

1. 价值链成本管理的特点；
2. 价值链成本管理的各种方法；
3. 社会需求、科技发展对成本管理的影响；
4. 精益生产环境下的价值流成本管理。

【章节练习】

## 一、多项选择题

1. 下列(　　)定义了精益生产系统。

A. 消除浪费　　　　　　B. 创造价值

C. 降低成本　　　　　　D. 持续流程　　　　　　E. 以上均对

2. 下列对价值链表述错误的(　　)。

A. 只有增值作业　　　　B. 既有增值作业又有非增值作业

C. 只有非增值作业　　　D. 强调标准成本法控制　　　　E. 以上均对

## 二、计算分析题

某通信电子公司生产生命周期较短(少于 2 年)、技术迭代速度快的通信电子部件。因此,其产品开发要很快,而产品利润与能否找到生产成本低、后勤成本低的设计方案休戚相关。最近,管理层也认识到规划成本对设计决策非常重要。上个月,管理层收到一份关于新产品的建议,预计市场需求总数为 2 000 万件(2 年时间内)。建议售价是 130 元/件,按这一价格销售的预计市场份额可达到 25%。预计制造成本和后勤成本是 120 元/件。研发成本为 1 000 万元。公司股东要求 15 元/件的投资回报。

要求:

1. 计算与初始 25% 的市场份额相关的目标成本。初始设计符合该目标吗?
2. 计算现有(初始)设计的生命周期利润总额(包括生产前成本)。

## 三、简答题

1. 描述精益生产的基本特征。
2. 社会需求、科技发展等的变革会对成本管理有何影响?
3. 说明生命周期成本管理和目标成本法的基本内容。
4. 现行的价值链成本管理方法有哪些?

## 四、案例分析题

案例一:戴尔公司的经验

戴尔公司利用技术和信息将计算机价值链上的供应商、生产商和顾客的流程垂直地联合起来。公司的创立者迈克尔·戴尔(Michael Dell)认为,这种做法会使戴尔公司获得更高的生产效率和更大的盈利能力。此外,他认为"实质性联合"的公司将会成为信息时代的组织模型。对市场而言,价值链上的所有组织就像是一个整体。

供应商为计算机生产零部件。戴尔公司将供应商的送货与生产的计划协调起来。供应商生产的零部件只有在需要时才直接送到车间,而不是送到仓库,也不需经过卸货、检查、储存、领用等环节。这就需要供应商和购买者的信息和计划能够持续地分享。

索尼公司为戴尔公司的计算机提供显示屏。但是,显示屏在发送给顾客之前并不送到戴尔公司,而是由空中快递(Airborne Express)或联合包裹服务公司(UPS)将它们同需要发送的计算机一起包装,一起发送给顾客。

戴尔公司重视提高产品的价值和减少顾客的成本,例如伊士曼化工公司和波音公司。伊士曼化工公司的计算机需要专业化程度很高的软件,如果在收到计算机送货后再安装这种软件,那么每台计算机需要花费超过200美元。为了降低顾客的使用成本,戴尔公司在组装计算机时就为每台计算机安装这种专业软件,其安装费用只有15~20美元。

波音公司有100 000台戴尔计算机,戴尔公司则有30名员工长住波音公司。"我们看起来更像是波音公司的计算机部门",戴尔说。他注意到戴尔公司已经密切地参与到波音公司的计算机需求计划和网络计划之中。

(资料来源:Joan Mngretta. The Power of Virtual Integration:An Interview with Dell Computer's Michacl Dell [J]. Haruard Business Review,1998(2):72-84. )

要求:本案例说明了哪些管理思想和管理方法在决策中的应用?

**案例二:福耀玻璃的价值链成本管理**

福耀玻璃属于重资产工业行业,全球市场空间在1 000亿~1 100亿美元,全球行业前4(旭硝子、福耀、板硝子和圣戈班)占据超90%的市场份额,每家企业各占一部分市场份额,也都有各自的壁垒。服务的主机厂基本上都是固定的,争夺对手的市场不太容易。

福耀玻璃的优势主要体现在控制成本上,管理水平基本做到极致,毛利率提升空间很小,只能从研发销售高端汽车玻璃上做文章。比如太阳能玻璃天窗、电控变色玻璃、抬头显示玻璃等,通过提升单价来提高利润率。

另外就是利用汽车市场萧条的机会,伺机收购竞争对手的工厂从而来提高全球市场占有率。

实际上,福耀玻璃并不是在2014年就直接进入美国建厂,而是早在2004年就开始做美国市场,始终冷静观察,等待时机,这其中必然看到了"蛋糕",直到这次建厂机会。

总之,短赛道空间有限,可以腾挪的空间不大,只能精益求精做好成本控制,通过上马机器人替代人工来降低成本。目前福耀玻璃在全力推进,福清本部都开始了数量不小的裁员。

(资料来源:http://caifuhao. eastmoney. com/news/201908260735382088215660)

要求:进一步收集福耀玻璃的价值链成本管理相关的资料,分析福耀玻璃如何运用价值链成本管理,在全球化竞争中,实现走出去战略。该案例对国内企业走出去战略有哪些启示?

## 五、拓展题

结合本章思政元素,请编写一则相关案例或者撰写一篇相关小论文,字数不少于300字。

## 【参考答案】

### 一、多项选择题

| 题号 | 1 | 2 |
|------|------|------|
| 答案 | ABCDE | ACDE |

### 二、计算分析题

1. 解：

目标成本＝目标价格－目标利润

$\quad\quad\quad$＝130－15＝115（元/件）

预计成本是122（120＋1 000/500）元，因此不符合目标。

2. 解：

预计生命周期利润总额＝（130－122）×500＝4 000（万元）

### 三、简答题

1. 答：精益生产有两个主要目标：消除浪费和为客户创造价值。其特征是精益思想——关注顾客价值、价值流、产品流、需求拉动和追求完善。价值的获得是要以最低的成本在顾客需要的时间发送适当数量的高质量（零缺陷）产品。价值流由增值和非增值的所有作业组成，它实现了一类产品或服务从起点（如客户订单或新产品概念的提出）到完工产品到达顾客手中的整个过程。价值流分析要求确认并消除浪费。精益生产显著减少了等待和搬运时间，并要求生产小批量（低产量）的不同产品（多品种）。实现这些的关键因素是减少生产准备时间和单元式生产。需求拉动系统有助于通过在顾客需要时生产所需数量的产品来消除浪费。零生产准备时间、零缺陷、零库存、无浪费、按需生产、增加单元生产率、成本最小化和顾客价值最大化是精益生产寻求的理想结果。通过对这些精益生产目标的不懈追求可以实现完美状态。

2. 答：（1）社会环境的变化

① 社会需求的变化。随着社会的发展人们的生活水平不断提高，人们可自由支配的收入大大增加，对消费提出了越来越高的要求，从而消费者的行为也变得更加理性、更加成熟，要求获得多样化、能体现个性的标新立异的产品。这种社会需求的重大的变化，要求现代企业的生产要具有高度的灵活反应能力，也就是能迅速向顾客提供他们所需的量少、质高、多样化的产品。与此相适应，现代企业要想在国际市场谋得一席之地，其传统的大批量单一化生产方式正在转变为小批量多样化的生产方式。

② 卖方市场向买方市场的变化。卖方市场向买方市场的转变，企业间的竞争愈加激烈。企业为了生存，为了激发消费者的购买欲望，不断向市场提供新产品，而这些产品又很快被更新型、独特的产品所取代。产品的生命周期越来越短，有些产品还没有达到成熟期就开始退出市场，企业由传统的以产定销转向以销定产的生产方式。在企业的经营管理

上,从原来单纯的降低成本向低成本、高质量和快速交货、完善售后服务的方向发展。

③ 经济全球化。经济全球化使企业所面对的市场更加广阔,与此同时,企业也要面对更多的竞争对,企业之间的竞争也更加激烈。企业为了追求企业价值最大化的目标,为了不被市场所淘汰,只有运用比其他企业更加适合本企业、更加有效的管理方法进行企业的经营和管理。

(2) 技术环境的变化

随着 5G 时代的到来,现代企业不断把人工智能、大数据、"互联网＋"等高新技术应用到生产中以提高企业生产的信息程度,形成一定的计算机网络处理体系,为成本管理提供信息管理的平台,达到信息的及时提供的目的,消除了信息的滞后性。现代企业借助高新技术的力量,通过弹性灵活的生产方式,达到了产品生产的高效率和灵活性,从而在很大程度上促进了企业劳动生产率和经济效益的提高;使企业成本管理由只关注生产成本向关注价值链的成本管理转变,同时使得企业采用价值链成本管理的难度降低,提高成本管理的精确化、信息化、智能化。

从上面两方面的现实变化,迫使传统成本管理向成本管理的深度和广度发展。

3. 答:生命周期成本管理关注价值链作业管理,从而建立起长期竞争优势。生命周期成本管理的目标和精益生产相同:降低成本和创造价值。目标成本法是完成这些目标的一个主要方法。降低成本的三个典型方法是:① 反向设计;② 价值分析;③ 流程改进。价值分析不仅有助于降低成本,还明确考虑了如何为客户创造价值。

4. 答:价值链成本管理方法主要有生命周期成本法、目标成本法、Kaizen 成本法、精益会计。

## 四、案例分析题

案例一解析:

通过本案例的分析可以看到,戴尔公司应用了以下管理思想和管理方法:

(1) 价值链管理会计的思想。戴尔公司将自身经营活动分解为若干战略相关的价值活动、纵向价值链、横向价值链和内部价值链。将企业的经营目标分解为追求价值链利益最大化,而非单纯的企业自身利益最大化。这种"实质性联合"使价值链上的所有组织形成一个整体,也使戴尔公司能获得更高的生产效率和更大的盈利能力。

(2) 适时制/零存货管理的思想。零存货管理使戴尔公司在降低成本的同时也有助于提高产品质量,使戴尔公司在市场竞争中立于不败之地。

(3) 进行产品价值分析,以最低的总成本可靠地实现产品的必要功能,提高产品效益。通过功能成本分析,戴尔公司有效地提高了产品价值,同时降低了顾客的使用成本。

案例二解析:

略。

## 五、拓展题

答案略。

# 第十四章　环境管理会计

【思维导图】

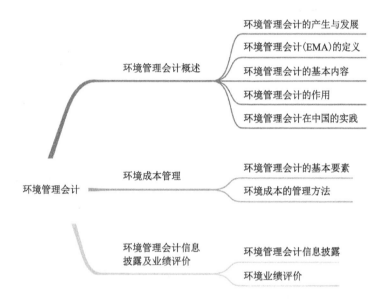

【学习指导】

## 一、学习目的与要求

通过本章的学习,要求了解环境管理会计的发展历程,明确环境管理会计的概念,掌握环境成本的分类及环境管理会计的主要内容,熟悉环境业绩的评价。

## 二、学习重点

(1) 环境管理的概念;(2) 环境成本的分类及分配;(3) 环境业绩评价指标体系。

【章节练习】

## 一、计算分析题

某公司致力于持续的改进环境业绩,其 2022 年环境成本信息如表 14-1 所示:

表 14-1　2022 年环境成本信息

| 环境作业 | 环境成本（元） |
| --- | --- |
| 处置危险废物的成本 | 500 000 |
| 对排放的污染物进行监测 | 350 000 |
| 设计流程和产品 | 1 400 000 |
| 清理被污染现场 | 1 200 000 |
| 对员工进行危险物处理的培训 | 400 000 |

这些成本与公司所生产的两种产品有关，为了准确计算这两种产品的环境成本，公司还收集了如表 14-2 所示的相关资料：

表 14-2　相关资料

| 作业 | A 产品 | B 产品 |
| --- | --- | --- |
| 处置危险废物（吨） | 50 | 750 |
| 对排放的污染物进行监测（次） | 4 000 | 16 000 |
| 设计流程和产品（小时） | 5 000 | 2 000 |
| 清理被污染的现场（人工工时） | 10 000 | 30 000 |
| 对员工进行危险物处理的培训（学时） | 200 | 200 |

2022 年公司共生产了 800 000 件 A 产品，1 000 000 件 B 产品。

要求：

(1) 利用上述数据，计算每种产品的单位环境成本，并说明该资料有什么用途？

(2) 为了减少污染，环境工程师建议从 2023 年起对流程进行调整，从而使排放的废弃物质量减少 50%（其中 A 产品减少 25 吨，B 产品减少 375 吨）。同时，清理被污染现场的时间也减少了 20%（A 产品减少 2 000 人工工时，B 产品减少 6 000 人工工时），请计算上述行动所带来的节约额（假设 2022 年产量与 2023 年相同）。

## 二、简答题

1. 环境管理会计是如何产生的？其内涵是什么？有什么作用？

2. 环境成本的含义是什么？如何分类？

3. 简述环境业绩评价指标体系。

## 三、拓展题

结合本章思政元素，请编写一则相关案例或者撰写一篇相关小论文，字数不少于 300 字。

## 【参考答案】

## 一、计算分析题

解：

（1）处置污染废物的单位成本：500 000÷（50＋750）＝625（元）

处置污染废物成本：A产品625×25＝15 625（元）　　　　　B产品625×375＝234 375（元）

清理被污染的现场的单位成本：1 200 000÷（10 000＋30 000）＝30（元）

清理被污染的现场的成本：A产品30×2 000＝60 000（元）　　B产品30×6 000＝180 000（元）

每种产品的环境成本如表14-3所示。关于该资料的用途说明部分略。

表 14-3　每种产品的环境成本

| 环境作业 | 环境成本（元） | 作业量 | 单位作业成本（元） | 2022年 | | 2023年 | | 节约额 | |
|---|---|---|---|---|---|---|---|---|---|
| | | | | A产品 | B产品 | A产品 | B产品 | A产品 | B产品 |
| 处置危险废物的成本 | 500 000 | 800 | 625 | 31 250 | 468 750 | 15 625 | 234 375 | 15 625 | 234 375 |
| 对排放的污染物进行监测 | 350 000 | 20 000 | 17.5 | 70 000 | 280 000 | 70 000 | 280 000 | 0 | 0 |
| 设计流程和产品 | 1 400 000 | 7 000 | 200 | 1 000 000 | 400 000 | 1 000 000 | 400 000 | 0 | 0 |
| 清理被污染的现场 | 1 200 000 | 40 000 | 30 | 30 000 | 900 000 | 24 000 | 180 000 | 6 000 | 720 000 |
| 对员工进行危险物处理的培训 | 400 000 | 400 | 1 000 | 20 000 | 200 000 | 20 000 | 200 000 | 0 | 0 |
| 环境成本合计 | | | | 1 601 250 | 2 248 750 | 1 525 625 | 1 834 375 | 75 625 | 414 375 |
| 产品产量 | | | | 800 000 | 1 000 000 | 800 000 | 1 000 000 | 0 | 0 |
| 单位产品环境成本 | | | | 2.001 | 2.249 | 1.907 03 | 1.834 4 | 0.093 97 | 0.414 6 |

（2）节约额见表14-3。

## 二、简答题

1. 答：环境管理会计以环境成本管理为其核心内容。即通过确认和计量环境成本，了解把握环境成本的变化趋势和产生原因，进而控制环境成本，在改善环境业绩的同时提高财务业绩。环境管理会计是生成、分析并利用财务和非财务信息以优化公司的环境和经济业绩，实现可持续经营的系统，是管理会计在新的社会经济形势下的合理发展。环境管理的主要作用在于为受环境因素影响的决策过程提供信息支持。例如，指出与环境有关的活动对于财务报表的影响，提供削减成本和其他改进的机会，优化环境行为，指导产品定价、产品组合和开发的决策，从而提高顾客价值，进行投资决策和支持可持续性经营等。和管理会计一样，环境管理会计也包括决策与控制，既服务于企业的经营决策，也服务于战略决策，具有系统性和整体性。

2. 答：环境成本是本着对环境负责的原则，为管理企业活动对环境造成的影响而采取或被要求采取措施的成本，以及因企业执行环境目标和要求所付出的其他成本。环境成本按照不同功能分类，可分为环境污染补偿成本、环境治理成本、环境保护维持成本和环境保护发展成本；按照是否由企业承担分类，可分为内部环境成本和外部环境成本；从经营和管理的全过程看，可以分为环境资源成本、环境控制成本和环境故障成本。

3. 答：环境战略的实施需要借助环境业绩评价系统来完成。首先要考虑环境业绩评价指标的设计。根据ISO 14031的环境业绩评价体系标准，环境业绩评价指标可以分为环境状况指标(ECI)和环境业绩指标(EPI),环境业绩指标又包括经营业绩指标(OPI)和管理业绩指标(MPI)。设计环境业绩指标时,既要考虑企业所处行业和经营业务的特点、设立的环境目标和有关法规的要求,又要考虑组织结构的特点以及成本效益。对公司进行环境业绩评价时,一般采用财务指标和非财务指标相结合的方法。ISO 14031 环境业绩评价体系见图 14-1。

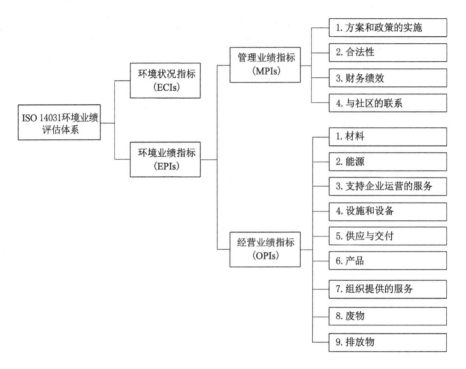

图 14-1　ISO 14031 环境业绩评价体系

## 三、拓展题

答案略。

# 第十五章　大数据与管理会计决策

【思维导图】

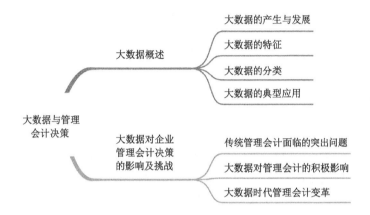

【学习指导】

## 一、学习目的与要求

通过本章的学习,要求了解大数据的产生与发展过程,掌握大数据特征、大数据类型和大数据典型应用的主要内容,能够分析大数据对企业管理会计决策的影响及挑战。

## 二、学习重点

本章的学习重点是充分理解大数据特征和大数据类型,通过对大数据在不同领域的典型应用,分析大数据对企业管理会计决策的影响及挑战。

## 三、学习难点

本章的学习难点是大数据对企业管理会计决策的影响及挑战。

【章节练习】

### 简答题

1. 简述大数据的概念。

2. 简述大数据的"5V"特征。

3. 根据数据的结构类型,大数据可以分为哪几类?

4. 大数据时代,传统管理会计面临哪些挑战?

5. 大数据时代,管理会计面临哪些变革?

## 【参考答案】

### 简答题

1. 答:一般而言,大数据是指数据庞大且结构复杂,增长速度快但价值密度低,短时间内难以用现有的软件进行数据处理的数据集。

大数据是一个较为宽泛的概念,并不存在一个较为严格的定义,不同的人在不同的时期对大数据的理解并不完全相同。一方面,随着人工智能和物联网的发展,数据信息在以几何指数的速度增长,符合大数据标准的数据集会随着时间推移和技术进步而不断增长;另一方面,对于不同行业和部门的主体,符合大数据标准的数据集也会存在差别,对于刚成立的小型企业认定的大数据标准,可能并不适用于资产规模超千亿元的大型企业。

2. 答:大规模性(huge volume)、高速性(high velocity)、多样性(huge variety)、不确定真实性(uncertain veracity)和低价值密度性(low value density)。

3. 答:根据数据的结构类型,可以将数据分为结构化数据和非结构化数据。

(1) 结构化数据:又称定量数据,是能够用数据或统一的结构加以表示的信息,如数字、符号,其可以使用关系型数据库表示和存储,表现为二维形式的数据。结构化数据是高度组织和整齐格式化的数据,它是可以放入表格和电子表格中的数据类型。在项目中,当使用结构化查询语言(SQL)时,计算机程序很容易搜索到这些结构化数据。典型的结构化数据包括姓名、性别、出生日期、银行卡号码、销售金额、电话号码、公司地址、产品名称等。结构化数据具有的明确关系使得这些数据运用起来十分方便,不过在商业上的可挖掘价值方面比较差。

(2) 非结构化数据:指数据结构不规则或不完整,没有预定义的数据模型,不方便用数据库二维逻辑表呈现的数据,各种文档、图片、视频、音频等都属于非结构化数据。对于这类数据,我们一般直接整体进行存储,而且一般存储为二进制的数据格式。非结构化数据本质上是结构化之外的一切数据。它不符合任何预定义的模型,因此它存储在非关系数据库中,并使用非关系型数据库(NoSQL)进行查询。它可能是文本的或非文本的数据,也可能是人为的或机器生成的数据。总之,非结构化数据是字段可变的数据。

4. 答:大数据时代,传统管理会计面临以下挑战:

(1) 管理会计数据时效性差;

(2) 管理会计数据共享性低;

(3) 管理会计对非财务数据关注不足。

5. 答:大数据时代,管理会计面临以下变革:

(1) 管理会计预测功能更加突出;

(2) 管理会计分析由面向结果向面向过程转变;

(3) 管理会计决策中非财务指标将得到广泛使用。

# 参 考 文 献

[1] 达塔,拉詹.管理会计:决策制定与业绩激励[M].王立彦,谌嘉席,郭放,译.北京:中国人民大学出版社,2015.

[2] 冯巧根.管理会计[M].4 版.北京:中国人民大学出版社,2020.

[3] 冯巧根.《管理会计(第 2 版)》案例与学习指导书[M].北京:中国人民大学出版社,2013.

[4] 汉森,莫温.管理会计[M].陈良华,杨敏,译.北京:北京大学出版社,2010.

[5] 乐艳芬.成本管理会计[M].3 版.上海:复旦大学出版社,2014.

[6] 刘运国.《管理会计学(第 2 版)》学习指导书[M].北京:中国人民大学出版社,2015.

[7] 单昭祥,邓雪雅.新编现代管理会计学辅导与练习[M].2 版.大连:东北财经大学出版社,2014.

[8] 孙茂竹,支晓强,戴璐.《管理会计学(第 8 版)》学习指导[M].北京:中国人民大学出版社,2018.

[9] 温素彬.管理会计:理论·模型·案例[M].3 版.北京:机械工业出版社,2019.

[10] 吴大军.管理会计[M].5 版.大连:东北财经大学出版社,2018.

[11] 吴大军.管理会计习题与案例[M].5 版.大连:东北财经大学出版社,2018.

[12] 杨慧辉,潘飞,刘钰莹.控制权变迁中的权力博弈与股权激励设计动机:基于上海家化的案例分析[J].财经研究,2019,45(8):140-152.

[13] 郑爱华,谢梅.管理会计学习指导[M].北京:机械工业出版社,2020.